U0532256

爱与寂寞

ON LOVE AND
LONELINESS

［印］克里希那穆提 —— 著 罗若蘋 —— 译

图书在版编目(CIP)数据

爱与寂寞 /（印）克里希那穆提著；罗若蘋译. -- 北京：九州出版社，2023.1
ISBN 978-7-5108-8827-4

Ⅰ.①爱… Ⅱ.①克… ②罗… Ⅲ.①人际关系学－通俗读物 Ⅳ.①C912.11-49

中国版本图书馆CIP数据核字(2020)第250592号

著作权合同登记号：图字01-2022-2056号

Copyright © 1993 Krishnamurti Foundation Trust, Ltd. and
Copyright © 1993 Krishnamurti Foundation of America
Krishnamurti Foundation Trust Ltd.,
Brockwood Park, Bramdean, Hampshire SO24 0LQ, England
E-mail: info@kfoundation.org Website: www.kfoundation.org
And
Krishnamurti Foundation of America
P.O. Box 1560, Ojai, California 93024 USA
E-mail: kfa@kfa.org Website: www.kfa.org
想要进一步了解克里希那穆提，请访问www.jkrishnamurti.org

爱与寂寞

作　　者	［印度］克里希那穆提 著　罗若蘋 译
责任编辑	李文君
出版发行	九州出版社
地　　址	北京市西城区阜外大街甲35号（100037）
发行电话	（010）68992190/3/5/6
网　　址	www.jiuzhoupress.com
印　　刷	三河市国新印刷有限公司
开　　本	880毫米×1230毫米　32开
印　　张	6.625
字　　数	222千字
版　　次	2023年1月第1版
印　　次	2023年1月第1次印刷
书　　号	ISBN 978-7-5108-8827-4
定　　价	45.00元

★版权所有　侵权必究★

出版前言

克里希那穆提1895年生于印度，13岁时被"通神学会"带到英国训导培养。"通神学会"由西方人士发起，以印度教和佛教经典为基础，逐步发展为一个宣扬神灵救世的世界性组织，它相信"世界导师"将再度降临，并认为克里希那穆提就是这个"世界导师"。而克里希那穆提在自己30岁时，内心得以觉悟，否定了"通神学会"的种种谬误。1929年，为了排除"救世主"的形象，他毅然解散专门为他设立的组织——世界明星社，宣布任何一种约束心灵解放的形式化的宗教、哲学和主张都无法带领人进入真理的国度。

克里希那穆提一生在世界各地传播他的智慧，他的思想魅力吸引了世界各地的人们，但是他坚持宣称自己不是宗教权威，拒绝别人给他加上"上师"的称号。他教导人们进行自我觉察，了解自我的局限以及宗教、民族主义狭隘性的制约。他指出打破意识束缚，进入"开放"极为重要，因为"大脑里广大的空间有着无可想象的能量"，而这个广大的空间，正是人的生命创造力的源泉所在。他提出："我只教一件事，那就是观察你自己，深入探索你自己，然后加以超越。你不是去听从我的教诲，你只是在了解自己罢了。"他的思想，为世人指明了东西方一切伟大智慧的精髓——认识自我。

克里希那穆提一生到处演讲，直到1986年过世，享年90岁。他的言论、日记等被集结成60余册著作。这一套丛书就是从他浩瀚的言论中选取并集结出来的，每一本都讨论了和我们日常生活息息相关的话题。此次出版，对书中的个别错误进行了修订。

克里希那穆提系列作品得到了台湾著名作家胡因梦女士的倾情推荐，在此谨表谢忱。

九州出版社

如果你没有爱——你去做任何想做的事,崇拜所有的神明,参加各种社会活动、改革贫穷、从政、著书立说、写诗——你仍然是个死了的人。没有爱,你的问题会永无止境地增加;而有了爱,去做你要做的事,就没有危险,没有冲突。爱是美德的精髓。

孟买·1965年2月21日

目　录

第一章　人际关系中是否有秩序 / 1

第二章　快乐在我们生活中扮演的角色 / 9

第三章　占有、拥有就是爱吗 / 19

第四章　我们的生命为什么空虚 / 27

第五章　爱的可能 / 33

第六章　性是一种完全逃避自我的方法 / 39

第七章　如何摆脱恐惧 / 49

第八章　如何克服寂寞 / 59

第九章　"我"是空虚的始作俑者 / 65

第十章　寂寞是自我封闭的行动 / 73

第十一章　关于"爱"的交锋 / 79

第十二章　爱与寂寞 / 89

第十三章　有依赖，就没有爱 / 97

第十四章　混乱的根源 / 109

第十五章　爱与美 / 121

第十六章　爱的意义 / 129

第十七章　爱是一种祝福而不是快乐 / 137

第十八章　爱和哀伤 / 147

第十九章　爱是美德的精髓 / 155

第二十章　如何摆脱孤独与依赖 / 165

第二十一章　人类能否超越哀伤 / 173

第二十二章　谁该对混乱的世界负责 / 183

第二十三章　寂寞、孤独与爱 / 195

第一章

人际关系中是否有秩序

我们一同进入生命中较复杂的问题，而一同探索需要热情、需要一颗不被任何特定信念或结论所羁绊的心灵，而且愿意走得很远：不是指时间的长短，而是指深度而言。

要一起讨论这些日常生活中的问题，我想必须记住我们是一起探索的。我们一同进入生命中较复杂的问题，而一同探索需要热情、需要一颗不被任何特定信念或结论所羁绊的心灵，而且愿意走得很远：不是指时间的长短，而是指深度而言。

※

我们在一起探索是否能在人际关系中带来秩序，因为关系就是社会。关系存在于你和我、我和他人之间，是社会的结构。也就是，人际关系是社会的结构和本质。我现在简单地说，当人际关系里没有秩序时，就像目前的生活，不仅会引起矛盾，也会引起悲伤、忧虑、混乱和冲突。请不要只让我一个人讲话，而让我们一同分享，因为我们正一起踏上旅程，或许手牵手，带着情感、带着体恤。如果你们只是坐着听讲，我担心我们恐怕无法手牵手一同走上旅程。所以，请观察你们的心灵、你们的人际关系——不管和谁，你的妻子、你的孩子、你的邻居或是你的政府——看看这关系中是否有秩序，因为秩序是必要的，准确也是必要的。秩序是美德，秩序是非常精确、非常纯粹、完全的，而我们正在探寻是否有这样的秩序存在。

没有人可以在没有人际关系的状态下活着。你可以隐退山林，去当和尚、托钵僧，独自在沙漠中游荡，但你仍然与别人有关联。你不能从既存的事实中逃脱，你也不能离群索居。你的心灵可以与人隔绝，或处在孤独的状态中，而即使如此，你仍是与别人有关联的。生命是一种关系，生活也是一种关系。如果我们在四周筑起围墙，只是偶尔窥伺彼此，我们便无法生存下去。在围墙之下，我们彼此无意识地、深刻地互相关联着。我不认为我们已经很注重人际关系这个问题。你们出版的书不讨论人际关系，而是讨论上帝、修炼、方法、如何呼吸、不能做这些或那些，从不提及人际关系。

人际关系包含责任，就如同自由一般。人与人之间互相的关联就是生活。那就是生命，就是存在。而如果人际关系脱序，我们的社会、文化便会瓦解，就如同现在所发生的事一样。

所以，秩序是什么，自由是什么，人际关系又是什么呢？秩序是什么？因为当心灵真正地了解是什么引起脱序的，然后出自那些顿悟、觉察及观察，秩序自然会出现。这不是为秩序描绘好蓝图，蓝图是我们被抚养长大的一种宗教、文化所设定的模式，乃至秩序应该为何，或秩序是什么。心灵已经尝试着服从秩序，不论是文化的秩序、社会的秩序、法律的秩序或宗教性的秩序。它试着服从一些由社会活动、不容置疑的领导者及教师所建立的模式。对我而言，这不是秩序，因为那暗示着服从。有服从的地方，就有脱序。接受权威，就是脱序。有比较存在的地方——也就是衡量你自己与他人，把你自己与他人相比——就是脱序。我会向你说明原因。

你的心灵为什么会服从？你问过这一点吗？你是否知道自己正依循着某种模式呢？无论是何种模式，不管是你为自己建立的，或是别人为你设立的。我们为什么总是服从？显然地，只要服从，就不可能有自由。然而，心灵总是追求自由的——愈有智慧，愈警觉，愈觉察，就要求得愈多。心灵之所以服从、模仿，是因为服从、依循模式是比较安全的。这是显而易见的情形。你很世俗地为人处世，是因为服从比较妥当。你可能在国外接受教育，是伟大的科学家、政客，但是暗地里你总是有一种恐惧：如果你不上寺庙或不去做那些别人告诉你的俗事，可能就会有麻烦了。所以，你只好服从。服从之后会是什么情形呢？请探索下去。当你服从的时候，你的心灵会发生什么事？首先，你会全然拒绝了自由，全然拒绝了认知，全然拒绝了独立的欲望。当你服从时也会有恐惧的，对吗？从孩童时起，我们的心灵便被训练得要模仿、服从社会上的模式——通过考试，得到学位，如果幸运的话，谋得工作，然后结婚，就此结束一生。你接受了这种模式，而且你因为害怕而去遵循它。

所以，打从心底里你就否定自由，你就害怕，你就有种感觉——不想要自由地去追求、探索、寻找及发问。所以导致了人际关系的脱序。你我正试着深入地去探索，去拥有真实的洞见，去看看真理。而就是这种对真理的认知，解放了心灵。这不是练习或探索之类的活动，而是真实地认知"实然"。

因着恐惧、服从、衡量、比较，我们的内在和外在都导致人际关系的脱序。我们的人际关系是脱序的，不仅在多亲密的人与人之间，也在人与外界之间。如果我们清楚地看到了脱序的现象，不在外面，就在这里，深植在我们之中，也看清了所有的含意。然后，有了认知，秩序就来到了。而后我们不需依照那外加上的秩序而活。秩序是没有范本的，也不是蓝图，它来自对脱序的了解。你愈了解人际关系里的脱序，就愈有秩序。所以，我们必须找出彼此间的关系是什么。

你和他人的关系是什么？你有无任何人际关系，或是属于过去的人际关系呢？你的过去，伴随着印象、经验、知识，产生所谓的人际关系。但是人际关系里的知识导致了脱序。我与你有关系。我是你的儿子、你的父亲、你的妻子、你的丈夫。我们住在一起，你伤害我，我伤害你，你挑剔我、威胁我、打我，背地里和当着我的面说些难听的话。而我已经和你共同生活了十年或两天，而且这些记忆保存着那些伤害、刺痛、性的乐趣、烦恼和残酷的话语，等等。那些东西收录在脑细胞里，就是记忆。所以我和你的关系是基于过去的种种。过去是我的生命。如果你观察过，你会看到你的心灵、生命、活动是根植于过去。而人际关系根植于过去必定会造成脱序。也就是，人际关系里的知识带来脱序。如果你伤害我，我会记得。你昨天或一个星期以前伤害我，都保存在我的心灵中，这就是我对你的知识。那些知识阻断了人际关系，人际关系里的知识导致了脱序。所以问题是：当你在伤害我、夸赞我、羞辱我时，心灵能擦掉它而不记住吗？你试过吗？

月光是多么美，不是吗？它从树叶中渗出来。还有乌鸦的叫声，伴着夜光！出尘的月亮伴着那些树叶，是多么令人惊喜。看着它，享受一下。

昨天有人对我说了些不好的话，那不是真的。他所说的话被记录下来，而心灵根据记录来确认这种人与他的行为。当心灵在人际关系中根据侮辱、刺耳的话语、不真实的事来行动，则人际关系里的知识便导致了脱序。对吗？现在，不妨让心灵不要记录这种侮辱或谄媚的感觉，如何？因为对我而言，生活里最重要的事情是人际关系。人际关系一旦不存在，一定会产生脱序。心灵活在秩序中，全然的秩序，像数学秩序中最高的模式般，绝不允许任何分秒中有脱序的阴影存在。而当心灵依据过去关系中的知识行事时，脱序就出现了。所以心灵如何不去记住了受侮辱的经验，而知道这种感觉和谄媚已经发生过？它可不可以让事情发生，而不记录下来，好让心灵在人际关系中总是干净、健康和完整的？

你对这个有兴趣吗？你知道的，如果你对它真的感兴趣，它就是生活里最大的课题：如何处理你的人际关系，而不让心灵受到伤害、受到扭曲。目前，有可能吗？我们已经提出一个不可能的问题，而我们也必须找到那个不可能的答案。因为"可能"意味着平凡无奇，已经被做过的、完成的，如果你提出这个不可能的问题，就必须寻找答案。你的心灵能做到吗？这就是爱。懂得不去记住侮辱、谄媚的心灵，了解什么是爱。

心灵能否不去记住，绝对不去记住那些侮辱或谄媚的事？可能吗？如果能找到答案，就能解决人际关系中的难题。我们活在人际关系中。这不是抽象的，而是生活，每天存在的事实。不管你上班、回家和太太睡觉或吵架，你总是在人际关系里。而如果你和他人之间的关系没有秩序，终究会发生脱序的现象，就如同一直以来的情形。所以，秩序是绝对必要的。为了要发现解决的方法，虽然心灵已受到侮辱、伤害和打击，但你能否不去记住它？在你记住它时，它已经在脑细胞里留下记号。看看这个问题的困难处。心灵能否做到这点来完全地保持纯真呢？纯真的心灵将不会受到伤害，因为它不受到伤害，就不会去伤害别人。目前，这可能吗？各种影响、意外、伤害、不信任，都加在心灵上。心灵能否不去记住，以保持纯真清明呢？我们将要一起去寻找答案。

我们会借着问"爱是什么"而找到答案。爱是一种思想的产物吗？爱在时间的领域里吗？爱是愉悦的吗？爱是可以经由思想来陶冶、练习、形成的吗？在进入这问题之前，我要先问：爱是愉悦的吗——是性或其他方面的快乐？我们的心灵总是在追求快乐：我昨天享用了一顿美食，用餐的愉悦已被记住了，而我还想要更多的经验，明天我要更好或同样的一餐。我已经感受到夕阳的愉悦，或看到树影里的月亮，或远在外海的波涛。美带来了快乐，也就是愉悦。心灵记住了，希望它重现。而想到这些之后，反复咀嚼，也希望它重现，这就是你称为的爱。对吗？当我们讨论到性，不要害羞，这是你生活的一部分。你已经丑化了它，因为你拒绝了各种自由，除了这项自由。

所以，爱是快乐的吗？爱是由思想组成的吗？就像快乐是由思想组成的一样？爱会嫉妒吗？有人能去爱一个嫉妒、贪欲、野心、暴力、服从、全然脱序的人吗？所以爱是什么呢？显然它不是这其中的任何一项。它不是愉悦。请了解愉悦的重要性。思想支持愉悦，因此思想并不是爱。思想不能培养爱。它可以培养对快乐的追求，就像它对恐惧一样，但它仍不能创造出爱，或将它整合起来。看看这个事实。看到了之后，你就会放弃你的野心、贪欲。所以，经由否定，你会找到最不平凡的东西，就是爱。这是最正面积极的事。

人际关系里的脱序显示出没有爱的存在，只剩下服从的时候，便会有脱序的现象发生。所以，当心灵臣服于一种快乐的模式，或自以为是爱时，就无法知道爱是什么。心灵了解到脱序产生的整个过程，便会达到一种秩序，那就是美德，因此这便是爱。它是你的生活，不是我的。如果你不照这种方式生活，你就会很不快乐，你会陷于社会的混乱中，而且永远沉溺于其中。只有知道爱是什么，秩序是什么的人，才跨得出这股洪流。

马德拉斯·1972 年 12 月 16 日

第二章

快乐在我们生活中扮演的角色

在看到夕阳的时刻,你并没有快乐,你只是看见绝妙的事物,满是光芒、色彩和深度。当你离开回到你的生活中,你的思想说:"那是多么不可思议的事,我希望能再有这种经验。"所以,是思想让快乐永存不朽。

为了要从人的角度发现任何事情，难道我们不需要从自由的某种品质出发吗？如果我们探究像爱这么复杂的问题，我们必须摆脱我们特有的偏见、个人的特质、性向以及我们对爱的期望——不管是维多利亚时期的或现代的。如果可以，我们应该把所有的一切都放下，以便于探究，否则我们会分心，我们会因为我们特别的情况，浪费能量去肯定或争辩。在讨论过"爱是什么"的问题后，我们能看到找出这个字所传达或没有传达的重要性、意义和深度吗？难道我们不应该先看看我们是否能让心灵从各种关于这个字的不同结论中解放出来吗？可能从那些根深蒂固的偏见、歧视和结论中解放心灵吗？因为在一起讨论爱是什么的问题时，我觉得我们必须有非常敏锐的心灵。而当你有意见、评断，或认为爱该是如何或不该如何时，你不会有美好清晰的心灵。为了要检视心灵，我们所有的探索要有美好清晰的心灵。为了检视心灵，我们所有的探索必须从自由的感觉开始——不是从某件事情解脱的自由，而是自由的品质，可以去看、观察、看到真相是什么的能力。稍后，你可以回到你的偏见、你特有的虚荣心和结论，但是我们能够在此刻把这一切暂放一边，保持这种探索的自由吗？

有几件事情互相关联着：性、嫉妒、寂寞、归属感、友谊、极大的快乐与害怕。这不都和那个字有关吗？我们可以从快乐这个问题开始吗？

因为它在爱中扮演了重要的角色。大多数的宗教贬抑性，因为他们认为沉溺于感官快乐的人，不可能了解真理是什么，上帝是什么，爱是什么，至高无上的东西是什么。这是基督教、印度教、佛教里至要的教规。当我们要问爱是什么时，我们一定要知道导致各种不同形式的压抑的传统制约——维多利亚时期的和现代的——或许是容许性的享乐。

快乐在我们的生活中扮演了非常重要的角色。如果你和任何所谓有教养、智慧、虔诚信仰的人们谈话——我不会称他们为虔诚信仰的，但是别人称他们为虔诚信仰的——你知道，禁欲是他们的大问题之一。你可能觉得这些都是完全不相关的，禁欲在现代的世界里无立足之地，该把它搁置。我会觉得遗憾，因为知道禁欲是什么，是其中一个问题。要知道爱是什么，必须要以宽广深沉的心灵去探索，不只是言语上的见解而已。为什么快乐在我们的生活中扮演如此重要的角色？我不是说它对或错，我们是在探索，该不该有性的快乐并没有定论。为什么快乐在我们生活里，扮演如此重要的角色？它是我们主要的欲望之一，但是它为什么占据了如此奇妙的重要性？不仅在西方世界，它是如此喧嚣、粗俗，在东方世界也是一样的。它是我们主要的问题之一。为什么？宗教——所谓的宗教——那些神职人员贬抑它。如果你在寻求上帝，他们说，你必须发誓禁欲。我认识一个印度僧侣，是个非常严肃的人，有学问、有智慧。在十五或十六岁时，他放弃了世界而且发了禁欲的誓。当他年长的时候——在他大约四十岁时，我遇见他——他放弃那些誓约，结婚了。因为印度的文化认为放弃誓约的人是可怕的，所以他有一阵子过得像在地狱一样。他被排斥，过了一段真正痛苦的日子，但这是大多数人的心理状态。为什么性有如此奇妙的重要性呢？

这是所有色情书籍的问题。允许你完全自由地去阅读、发行、表现你所喜欢的、从压抑中解放出来。你知道世人都是这么做。这和爱有什么关系？爱、性、快乐和禁欲是什么意思？请不要忘记这个人们非常重视的字和它的意义——引导至禁欲的生活。让我们找出为什么人们终其一生，在生活里给予性如此重要的地位，以及为什么如此反对它。我不知道我们要如何回答。

在性的活动中不是有一个因素是完全自由的吗？在知识上我们模仿，我们不会创造，是二手或三手的经验；我们重复——重复别人所说的，我们只有一点点思考。所以，我们没有主动、创造力、活力和自由，而且在情感上，我们没有激情，也没有深刻的兴趣。我们可能有热情，但是很快就褪色；没有持续的热情，而生活多少有些机械化，每天重复着同样的事。既然生活是机械的、知识的、技术性的和多少带点感情的重复，这个特别的活动，自然变得非常重要。如果在知性上有自由，人有热情，那么性便会有它自己的地位，而不会那么重要了。我们不会赋予它那么重大的意义，试着借由性去发现涅槃，或者想借由性可以和人类有完全的结合。你知道，那些我们希望借着性发现的事！

所以，我们的心灵能找到自由吗？我们的心灵能非常活跃、清明和有知觉吗？这样的心灵不是从别人、哲学家、心理学家和所谓的精神导师那里撷取而来的，他们根本缺少灵性。当有自由、深刻、热情的特质时，性也会有它自己的地位。而禁欲又是什么呢？

在我们的生活里，禁欲可有任何地位吗？"禁欲"的定义是什么？不只是字典里的意义，而是它深刻的意义。拥有全然禁欲的心灵是什么意思？我认为我们应该加以探索。也许这就是更重要的。

如果有人意识到心灵的所有活动——当观察者观照心灵的时候起分别心，而引起观察者和被观察者之间的冲突——他难道没有看到持续形成的印象和各种快乐、不幸、意外、侮辱的记忆，以及各种不同的印象、影响和压力？这些东西充满在我们的心灵中。思考一下性行为，描绘一下它，想象一下，维持住那种被唤起的情绪，就得到刺激了。这样的心灵不是禁欲的心灵。禁欲的心灵是一种完全没有影像的心灵，没有印象，才是禁欲的心灵。而心灵才会永远纯真。"纯真"意味着心灵没有受到伤害或伤害别人——它无法去伤害别人，所以也无法被别人伤害，但仍然是非常容易受伤害的。这样的心灵是纯洁的心灵。但是那些立过禁欲誓约的人是一点都不纯洁的；他们无止境地和自己争战着。我知道在东、西方各种的修道士为了寻找上帝而饱受折磨，他们的心灵被扭曲、受着煎熬。

这些都和快乐相关。爱和快乐的关系在哪里？追求快乐和爱之间的关系是什么？表面上看来是一体的。我们的德行基于快乐，我们的道德也基于快乐。我们认为你可以借着牺牲得到它——这会给你快乐！或借着抵抗得到它，这可能会给你成就事情的快乐。如果在快乐和爱之间有这样的事，那么界线在哪里？两者可以合为一体、交织在一起吗？还是它们一直是分开的？有人说："爱上帝，那个爱和亵渎的爱无关。"你知道这些不只是几世纪以来的问题，而是从开天辟地以来就有了。而两者分别的界线在哪里，或是没有任何分别的界线？这个不是那一个，而如果我们在追寻快乐，就像大部分的人那样，以上帝之名、以和平之名、以社会改革之名追寻快乐——而爱在这些追求中的地位又何在？

所以必须深入那些问题：快乐、享乐和喜悦是什么？祝福与快乐有关吗？别说有或没有，让我们找出答案，看看那美丽的树、云、水、夕阳、无垠的天空、男人、女人和小孩的脸。沉醉在真正美的事物中，是一大享乐，是一种对不凡、高贵、清明和可爱的事物的欣赏。当你拒绝快乐，你就拒绝了所有对美的知觉。宗教就是拒绝了它。最近我听说，在西方世界，风景画进入了宗教画的领域，然而在中国和东方，风景画和树却一向被认为是高贵和具有宗教性的。

为什么心灵会追寻快乐？这不是对或错的问题，但这个快乐原则的机制是什么？如果你说你同意或不同意，那我们就迷失了。如果我们一起找出原则是什么，快乐的机制是什么，那么也许我们将知道真正的享乐是什么。而喜悦和祝福是什么，哪一项包含了狂喜？狂喜和快乐有关吗？喜悦可以变成快乐吗？

快乐的机制是什么？为什么心灵一直追寻它？你不会没有知觉——看到美丽的房子，或阳光洒在可爱的绿地上，或在无垠的沙漠中，没有一点绿草，还有广阔的天空。你不能避不看它，而看到就是一种快乐、一种愉悦，不是吗？当你看到一张可爱的脸庞——不只是结构对称的脸，而是有深度、美感、特质、智慧和活力的脸——看到这样的脸真是令人惊喜，而一旦你知觉到就有了愉悦。愉悦何时变成快乐？你看到米开朗琪罗完美的雕像，你看着它，它是最杰出的作品，不是指主题，而是它的品质。看到它就会产生极大的快乐和愉悦。你走开了，心灵在回想它，开始思考。你认为那是多完美的作品。看到的时候，有很美的感觉，看到绝妙事物的品质。然后思想会唤起它、回忆它，而且会记住你看见雕像时的快乐。然后思想创造了快乐，它带来活力和延续，所以当你看见雕像时，感觉就出现了。所以，思想要为寻求快乐负责。这不是我发明的说法，你可以看到的。你看过美丽的夕阳，然后你会说："但愿我能回去再看一次。"在看到夕阳的时刻，你并没有快乐，你只是看见绝妙的事物，满是光芒、色彩和深度。当你离开回到你的生活中，你的思想说："那是多么不可思议的事，我希望能再有这种经验。"所以，是思想让快乐永存不朽。这就是机制吗？然后会发生什么呢？你从此再也看不到那夕阳——再也看不到！因为最初看到夕阳的记忆仍然留存着，而你总是和它比较。因此，你再也看不见任何新的事物了。

所以，有人问：你可以看到夕阳、美丽的脸、你的性经验或任何事物，看到它而且结束它，不再存留在心中——不管事情是极为美的或有很深的悲伤，或生理或心理上的痛苦？你能看到它的美，而把它全部结束，完全地结束，不保留到第二天、下个月和未来吗？如果你保留起来，思想就会玩味。思想就是把那件事、那个痛苦，或能给你愉悦的事储存起来。所以一个人如何不去避免，而要意识到这全部的过程，而不让思想去操控？

我"想要"看夕阳，我"想要"看那些树，它们充满了大地的美。它不是我的地球、你的地球，它是我们的地球。它不是英国人、俄国人或印第安人的，而是我们的地球；没有界限，没有丑陋、野蛮的战争和人的恶念。我想要看到所有的一切。你看过山丘上的棕榈树吗？多么美啊！你看过原野上的一棵树吗？我"想要"看，我"想要"享受它，但是我不想把它缩减成丑陋的小小快乐。而思想会缩减它。

心灵如何能在需要的时候就运作，不需要的时候就不运作呢？只有在真正觉察到思想的整个机制、思想的结构和本质的时候才有可能。它必须这样运作——绝对合乎逻辑、健康地、不会神经质或个人地运作，然而它没有任何地位。所以，什么是美和思想？理智可以感觉到美吗？它可以描述、可以模仿、可以复制、可以做许多的事，但是所描述的是那不被描述的本身。我们可以再继续深入地谈论了。

所以，当一个人了解快乐的本质和原则时，爱是什么？爱是嫉妒吗？爱是占有吗？爱是支配、依附吗？你知道生活中所有的情形——女人主宰男人，或男人主宰女人。男人想追求所以去做了什么，他是有野心的、贪婪的和嫉妒的。他渴望地位、声望。他的妻子说："天哪，不要做那些无聊的事，过过不一样的生活。"所以两人中就有了隔阂——即使他们是睡在一起。有野心时，在个人追寻他们私自的快乐时，会有爱吗？

而爱是什么？显然地，只有在野心、竞争、想出名这些事都不再出现时，爱才有可能出现。我们的生活就是：我们想要出名，有所成就，成为作家、艺术家，或成就什么伟大的事。这些都是我们要的。这样的男人或女人知道爱是什么吗？那表示，对一个为自己工作的人来说，不只在小地方，而是与国家、上帝、社会活动、一连串的信念认同，他会有爱吗？当然不会。而这就是我们跳入的陷阱。我们能注意那陷阱，真正地注意——而不是因为某人的描述——注意那陷阱并将它破坏吗？那就是真正的革命，不是愚蠢地去用炸弹和社会改革来进行。虽然社会改革是必要的，但是炸弹却不是。

所以，有人不知不觉地发现或碰上，没有刻意，这个东西就称为爱，而其他的则不是。当我们真正了解快乐的性质和思想如何破坏能令人极为喜悦的事时，它就会发生了。喜悦不能够转化成快乐。喜悦是自然产生的，但是当你说"哦！我很快乐"的时候，你就不再快乐了。

快乐在我们生活中扮演的角色 | **17**

在人类的关系里，爱是什么？在人类的关系里，爱的地位是什么？有任何地位吗？然而我们必须一同生活，我们必须合作，我们必须一起抚育孩子，有爱的人会送儿子上战场吗？这是你的问题。你有孩子，而你的教育正让孩子去战争、杀戮。请找出答案！什么是爱，而对我们人类的生存又有什么关系？我认为问题只能从这方面得到解答——真正地，不是口头上或知识上——当快乐、思想、所有的原则和这种变化被了解的时候，你就会发现一个全然不同的关系。

布洛伍德公园·1971年9月11日

第三章
占有、拥有就是爱吗

如果我占有你、拥有你,这就是爱吗?我占有你,就像我占有汽车、大衣、布匹一样。因为在占有中,我觉得非常富有,所以我依赖这种感觉,它对我的内心非常重要。这种占有、拥有和依赖,就是我们平常所谓的爱。

我们讨论到爱这个复杂的问题。我认为除非我们了解另一个同样复杂的问题，就是我们所说的"心灵"，才会了解爱。你有没有注意到，在我们小的时候，我们是多么的好问？我们渴望知道，我们看到比大人更多的事。如果我们十分清醒，就会观察到大人没有注意到的事。当我们年轻的时候，心灵更加灵敏、更好奇和更渴望求知。这也就是为什么在我们年轻的时候，我们可以很容易地学习数学、地理。当我们年纪渐长，心灵变得愈来愈具体化、愈来愈沉重、愈来愈庞大。你有没有注意到，年长的人是多么的有偏见？他们的心灵顽固、不开放，他们以固定的观点来看事情。你现在很年轻，但是如果不警觉，你也会变成那样。

了解心灵难道不是很重要的吗？而且看看你是否灵活，能否立即调适，在生活的每个阶段是否有着不凡的能力，有着深厚的研究和了解，来代替日渐迟钝的心灵？难道你不想知道心灵的方式，好来了解爱的方式吗？因为正是心灵破坏了爱。那些狡猾的人，无法了解爱是什么，因为他们的心灵太犀利、太聪明，因为他们太肤浅——这意味着太表面——而爱是不存在于表面的。

心灵是什么？我不是在谈头脑，那是任何生理学家都可以告诉你的身体上的构造。头脑可以对各种不同的神经系统做出反应。而你正在探索心灵是什么。心灵说："我认为，它是我的，它是你的，我被人伤害，我是嫉妒的，我会爱，我会憎恨，我是印度人，我是回教徒，我相信这个，我不相信那个,我知道,你不知道,我尊敬,我轻视,我要,我不要……"这些是什么?直到你了解它,直到你熟悉了全部思考的过程,这就是心灵。直到你有知觉,否则当你更老的时候,你会逐渐老化,变得顽固、具体化、迟钝和固执。

你所谓的心灵是怎么一回事?它是一种思考的方式,也就是你想事情的方法。我在谈论的是你的心灵,不是别人的心灵和想事情的方法,而是你感觉的方式、你看树、看鱼、看渔夫的方式以及你看村民的方式。心灵逐渐地被扭曲或设定在某一既定的模式里。当你要某些东西,当你需要,当你渴望,当你想达成某事,然后你就会设定一套模式,也就是你的心灵会创造模式,并且自陷其中。你的欲望使你的心灵具体化。比方说,我想成为非常有钱的人。想要致富的欲望创造出一个模式,并陷在里面,而我只能从那些角度思考,而不能超越它。所以心灵深陷其中,变得具体、顽固、迟钝。如果我有信仰——信仰神,相信某些特定的政治体系——这个信仰就开始设定了模式,因为信念是欲望的结果,而欲望强化了模式。我的心灵逐渐变得迟钝,无法适应,无法灵活,无法敏锐,也无法清明,因为我已深陷于欲望的迷宫里。

所以,直到我真正地探究自己心灵的过程、思考的方式、对爱的看法,直到我熟悉自己思考的方法,否则我不可能了解爱是什么。当我的心灵渴望爱的事实、爱的行动,以及想象爱应该是什么样时,就不会有爱,因为我给了爱某种动机。所以,我渐渐地在创造爱的行为模式。但这不是爱,它只是我认为爱应该是什么的欲望。比如说,我拥有你做我的妻子或丈夫。你了解"拥有"吗?你拥有你的布匹或大衣,如果有人拿走它们,你会很生气,你会忧虑,你会被激怒。为什么?因为你把布匹或大衣看作你的财产；你拥有它们，因为借着拥有，你觉得自己富足。通过拥有许多布匹和大衣，你觉得富有，不只在身体上，也在心理上感到富有。所以，有人拿走你的大衣，你就被激怒了，因为在你心中的富足感、占有感被剥夺了。拥有造成了爱的一种藩篱障碍，不是吗？如果我占有你、拥有你，这就是爱吗？我占有你，就像我占有汽车、大衣、布匹一样。因为在占有中，我觉得非常富有，所以我依赖这种感觉，它对我的内心非常重要。这种占有、拥有和依赖，就是我们平常所谓的爱。如果你检验一下，你会发现，心灵因拥有而满足。总之，当你拥有布匹、汽车或房子时，它会在心中带来满足感，让你觉得它们是你的。

所以心灵渴望制造模式，陷于模式，因而变得无力、迟钝、愚蠢和不会思考。这种心灵是以"我的"为中心，我占有某些东西的感觉，我是伟人，我是个小人物，我被侮辱，我受到谄媚，我很聪明，我很美丽，或我要有野心，或我是某人的女儿，或某人的儿子。这种"我"的感情，是心灵的核心，也是心灵的本身。所以愈觉得"这是我的"，就愈强化"我是了不起的人""我一定很伟大""我是个聪明人"或"我是个非常愚蠢无趣的人"的感觉；愈设定模式，就愈显得这个人封闭而无趣。然后就会有痛苦产生，而在其中受苦。之后你就会说："我要做什么呢？"然后再挣扎地找寻别的东西，来替代除却围绕自己的墙壁——借着思想小心地觉察，进入其中了解它。它希望从外界取得什么，然后再封闭自己。逐渐地，心灵变成爱的阻隔。所以不了解生活、不了解心灵以及不了解行动所依据的思考方式，我们不可能了解爱是什么。

心灵不也是比较的一种工具吗？你说这比那个好，你比较自己与别人，谁比较美丽，谁比较智慧。当你说："我记得一年以前看过那条

占有、拥有就是爱吗　｜　23

河,那个时候比较美。"这就是一种比较。你将自己与别人相比,与一个例子相比,与理想相比。比较性的判断让心灵变得愚钝,它不能使心灵敏锐,它不能让心灵更具包容力,因为,当你老是在比较的时候,情况如何呢?你看到夕阳的时候,你立刻与以前的夕阳相比。你看到一座山是这么的美丽,而你却说:"我在两年前看过一座更美丽的山。"当你在比较的时候,你不是真的在看着那里的夕阳,你看着它,只是要拿它去与别的东西比较。所以,比较使你无法看见全部。我看着你,你很好。但是我说:"我知道一个更好的人、更高贵的人、更愚蠢的人。"当我这么做时,我不是在看着你。因为我的心灵正在别的事情上,我一点都没有在看你。同样的,我也不是在看夕阳。要真正地看夕阳,就没有比较;要真正地看你,就不能拿你与别人比较。只有当我没有比较地看着你的时候,我才能真正了解你。但是,当我把你与别人相比时,我会想:"哦!他是一个很笨的人。"所以,在比较的时候,愚蠢就出现了。我把你与别人作比较,而在比较时,使得人丧失了尊严。当我没有比较地看着你时,我只关心你,不是关心别人。这才是真正对你的关心——没有比较,才会带给人尊严。

所以,只要心灵在比较,就没有爱,而心灵总是在批判、比较、衡量、找出弱点的所在。所以,只要有比较,就不会有爱。当父母亲爱他们的孩子时,他们不会拿他与其他的孩子做比较,他是他们的孩子,而他们也爱他们的孩子。但是,你想要将自己与更好、更高贵、更富有的事相比,而你就会让自己更缺乏爱。你总是在乎自己和别人的关系。当心灵变得愈来愈爱比较、愈来愈爱占有、愈来愈爱依赖时,就创造出一个模式而深陷其中。所以,就无法从新鲜的角度看待任何事情。所以,就会毁掉那件事,毁掉生活中的芬芳,而那就是毁掉爱。

学生:爱是没有止境的吗?爱是基于吸引力才有的吗?

克里希那穆提[①]:假如你被一条美丽的河所吸引,被一个美丽的女人或男人所吸引,那有什么不对?我们试着把它找出来。你看,当我被一个女人、一个男子、一个孩子或真理所吸引时,我想和它在一起,我想拥有它,我想认定它是自己的,我说它是我的而不是你的。我被一个人吸引,我一定会靠近他,我的身体一定也会靠近他的身体。而我做了什么呢?发生了什么事呢?事实就是:我被一个人吸引了,而我想要亲近那个人,这是一个事实,而不是理想。而我被吸引了,也想拥有,它也是个事实,这就不会有爱。我关心的是事实,而不是我应该怎么做。当我拥有某人,我不要他也看着别人。当我认为他是"我的"的时候,这是爱吗?显然不是。当我在别人身旁筑起藩篱的时候,就像"我的",这就没有爱了。

事实是,我的心灵一直这么做。这就是我们正在讨论的,想看看心灵是如何运作:也许,留意它,心灵就会平静些。

学生:为什么人会有爱的需求?

克:你是指我们为什么要有爱?为什么应该有爱?我们可以没有它吗?如果你没有这所谓的爱,会发生什么结果?如果你的父母想出他们爱你的原因,你可能就不会在这里了。他们可能把你丢出去。他们认为他们爱你,因此想要保护你,想要看你受教育,他们觉得必须给你机会。这种保护你的感觉,这种要你受教育、你属于他们的感觉,是他们通称

---

① 下文中"克里希那穆提"简称为"克"。——中文版编者注

的爱。没有它，会发生什么结果？如果你的父母不爱你，会发生什么结果呢？

你会被疏忽，你会是累赘，你会被排斥，他们会恨你。所以，还好有爱的感觉，也许乌云密布，也许污秽丑陋，但是仍然有感情，很幸运的是为你和我。否则，你我就无法接受教育，也将不会存在于世上。

在雷哈特学校与学生谈话·1952年12月19日

第四章

我们的生命为什么空虚

我们在宗教上、政治上或知识上追随名人,我们只是反复记录的留声机,而且我们称这种重复为"知识"。我们学习,我们重复,然而我们的生活依然廉价、庸俗、无聊、丑陋。为什么?

问：我们的生活中缺乏仁慈的真正动力，而我们寻求以组织化的慈悲和强制的正义来填满空虚。我们的生活只有性。你能在这令人厌倦的主题上指点些迷津吗？

克：对这个问题加以解释的是：我们的问题在于我们的生活是空虚的，而我们也不懂爱——我们知道感觉，我们知道宣传，我们知道性的需求，但是没有爱。而如何转化这种空虚，没有烟如何找到火焰？当然，这就是问题所在，不是吗？所以，让我们一起找出事情的真相。

我们的生命为什么空虚？虽然我们非常活跃，虽然我们写书、看电影，虽然我们玩乐、做爱、上班，然而我们的生活是空虚、无聊的，只是些例行公事而已。为什么我们的关系廉价、庸俗、空虚，而且不重要？我们非常了解自己的生活，知道我们的存在只有很微小的意义；我们引用学过的语句和思想——某某说了什么，什么大圣者、近代的圣人，或那些古圣先贤说了什么。我们在宗教上、政治上或知识上追随名人，我们只是反复记录的留声机，而且我们称这种重复为"知识"。我们学习，我们重复，然而我们的生活依然廉价、庸俗、无聊、丑陋。为什么？为什么会这样？为什么我们认为心灵这么重要？为什么心灵在我们的生活中这么重要？——心灵就是观念、思想、合理化、评量、平衡和计算的能力？我们为什么认为心灵如此重要？这并不意味着我们必须变得有感情、多愁善感和滥情。我们了解这种空虚，我们了解这种沉重的挫折感。为什么在我们的生命中有这种肤浅、负面的感觉？的确，只有当我们在人际关系中清醒地探讨它的时候，我们才能了解它。

　　在我们的关系中到底发生了什么状况？我们的关系不是一种自我孤立吗？每一种心灵活动不是一种保护、寻求安全或孤立的过程吗？这种思考不就是我们所说的一种集体的、隔离的过程吗？我们生活的每项活动不是一种自我封闭的过程吗？你可以在日常生活中发现它的存在。家庭已经变成一种自我孤立的过程，它已被孤立了，它必须在反对中存在。所以，我们所有的活动导致自我孤立，这样就产生了空虚感；而因为空虚，我们用收音机、喧哗、谈天、闲扯、阅读、知识的获得、尊荣、金钱和社会地位等来填补。但是这些都是孤立的过程，因此它们只会增强孤立。所以，对大部分的人而言，生活是一种孤立、否认、抗拒、顺从模式的过程；很自然地，在这样的过程中没有生活，也因此有了孤寂感和挫折感。的确，爱一个人就是要与他沟通，不只在某一特定的程度，而是全面地，但是我们并不了解这样的爱。我们只知道爱是种感觉——我的孩子、我的妻子、我的财产、我的知识、我的成就，而这又是再一次的孤立过程。我们在各方面的生活带来孤立，它是思想和感情上自我封闭的动力，我们偶尔才会和别人沟通。这也就是为什么会有这个重大的问题。

　　现在，我们生活的真实状况就是——高尚、拥有、空虚——而问题是我们要如何去超越它。我们如何超越寂寞、空虚和内在的贫乏？我想大部分的人都不想超越。大部分的人都满意于自己，要寻找新的事物是很麻烦的，所以我们宁愿保持现状——这是真正的困难所在。我们有太多安全保障；我们的满意来自筑城墙，偶尔在墙外耳语，有时候来个地震、来个革命和干扰,但很快地就加以扑灭。所以,大部分的人并不真想要超越自我封闭的过程,我们只在找寻一个替代品,找寻在不同模式中相同的事物。我们的不满是非常肤浅的,我们要新的事物以满足自己,新的安全、新的自我保护的方法——这是再一次的孤立。我们正寻求的,不是在超越孤立,而是强化孤立,让它得以永存,不被干扰。只有很少的人想要超越和探究我们所谓的空虚寂寞。那些为旧的寻求替代品的人会因发现新的安全而满意,但是很明显地有些人会想要超越那一点,就让我们与他们一同前进吧!

现在,要想超越寂寞和空虚,就必须了解心灵的全部过程。我们所称的寂寞空虚是什么?我们如何知道空虚,如何知道寂寞?你是用什么标准判定的?当你说寂寞空虚时,是用什么标准?你只能用旧有的标准。你说"空虚",你给它个名字,而且你认为你已经了解它。对事物的命名不正是妨碍了解吗?大部分的人知道我们正在逃避的寂寞是指什么。大部分的人也注意到这种内在的贫乏和不足。它不是失败的反应,这是事实,借着为它命名,我们不能排除它——它就在那里。现在,我们如何知道它的内容,我们如何知道它的本质?命名之后你就了解它了吗?喊了我的名字就了解我吗?你只有观察我、和我沟通,才能了解我,但是只是叫着我的名字,说我这个或那个,显然会结束我们之间的交流。同样的,知道寂寞的本质,一定会和它有交流,而你为它命名则不可能了。要了解事物,首先必须停止为它命名。如果你想要全然了解你的孩子,你会怎么做?你看着他、注意他玩耍、观察他、向他学习。换句话说,你爱你想要了解的人。当你爱某些事物,自然会有交流,但爱不是一个字、名字和想法。你不能够爱寂寞,因为你不完全了解它,你怀着恐惧接近它——不是怕它,而是别的东西。你没有想过寂寞是什么,因为你并不真正地了解它。别笑,这不是狡辩。去经历一下我们正在讨论的事,你就会发现它的重要性。

所有我们可以想出来的逃脱模式——不管是社会的活动、喝酒、追随上帝、圣者、举行仪式、跳舞,或者是其他的娱乐——是同一回事,而且如果我们在日常生活中,看到逃避冲突的整个过程,而想要超越它,我们就必须了解关系。只有当心灵不再以任何方式逃避,直接与寂寞孤独交流时,就会有感情,就会有爱。换句话说,你必须爱它才能去了解它。爱是唯一的改造方法,而爱不是理论,不是信念,它并不遵循任何书籍或社会的规范。

所以,我们无法在理论中找到解答,这只会造成进一步的孤立。只有当心灵、思想不再逃避寂寞时,才会找到答案。逃避是孤立的过程,而事情的真相是:只有在有爱的时候,才有交流,寂寞的问题才得以解决。

孟买·1950 年 2 月 12 日

第五章

爱的可能

只有在心灵真正地安静时,只有当心灵不再期盼、请求、要求、追寻、占有、嫉妒、恐惧和焦虑时,只有当心灵真正地沉静下来时,才会有爱的可能。

问：观念会把人分离，但是也会把人聚在一起。这难道不是爱的表现？它可能产生交流吗？

克：我怀疑，当你问这样的问题时，你是否明了观念、信仰、意见只会隔绝人，意识形态会瓦解人的关系，观念无可避免地也会打断它？观念并不会把人结合在一起——虽然你可能试着去把属于不同或相反意识形态的人聚在一起。观念无法把人聚在一起，因为观念总会在冲突中彼此反对和互相破坏。总之，观念是印象、感觉、文字。而文字、感觉和想法会把人们聚在一起吗？或者有人想要用相当不同的事把人聚在一起？我们看到恨、恐惧和民族主义聚集了民众。恐惧聚集人群。一种共同的憎恨，有的时候也聚集了原本互相反对的民众，就像民族主义也会聚集原本对立的民众。的确这些是观念。而爱是观念吗？你能想一想爱吗？你能想一想你爱的人，或你爱的群众。但那是爱吗？当你想到爱的时候，是爱吗？思想是爱吗？当然只有爱能将人们聚在一起，而不是思想——不是一个团体对抗另一个团体。有爱的地方，就没有族群、阶级、国籍之分。所以，必须了解我们所谓爱的意义。

我们知道观念、意见和信仰的意思。那么，爱是什么意思呢？它是心灵的事吗？当心灵中的事存在心里，这就是心灵的事。对大部分的人来说，就是如此。我们心中存入很多属于心灵的事：有意见、观念、感觉、信仰，而在其中，我们得以生存和爱。但这是爱吗？我们可以思考爱吗？当你在爱的时候，思考在运作吗？爱和思想不是相反的两件事，不要让我们把它们分开。当一个人有爱的时候，孤独感是把人们聚在一起呢，还是解散他们、将他们推离彼此呢？的确，只有在思考不运作时才可经验到这种爱——那并不表示人会发疯或变得不平衡。相反的，它要求思想以最高的形式去超越。

所以，爱不是心灵的事。只有在心灵真正地安静时，只有当心灵不再期盼、请求、要求、追寻、占有、嫉妒、恐惧和焦虑时，只有当心灵真正地沉静下来时，才会有爱的可能。只有当心灵不再投射自我、不再追寻它独特的感觉、要求、冲动、隐藏的恐惧，也不再寻求自我实现或被信念束缚时，才会有爱的可能。但是我们大多认为爱伴随着嫉妒、野心和追求个人的欲望。的确，当这些事存在的时候，那就不是爱。

所以，我们必须不在乎爱，让它自然地来，不刻意寻求，但是我们必须在意是什么阻挠了爱，是什么让心灵自我膨胀而形成障碍。在我们知道爱是什么之前，去了解心灵的过程是很重要的。因而，为什么要去深入研究认识自己这个问题是很重要的——不只是说"我必须去爱"，或"爱使人们结合在一起"，或"信念把人的关系打断"，这只是一味地重复你所听过的，因此完全没有用。文字是纠结的。如果能了解一个人思考模式的重要性，我们的欲望、追寻和野心的方式，那么就有可能了解爱是什么。但是，这需要对自己极为了解。

当有自制、忘我的时候——不是刻意地，而是自然地，忘我和自制不是训练的结果——就有爱的可能。当了解自我的整个过程，不论是在有意识和无意识，在清醒和睡梦中时，就产生了自制。然后心灵的整个过程就被了解了,无论是在人的关系里,在每个事件中,在每次对挑战的反应中了解了这些,再把心灵从自我纠正、自我设限里解放出来,如此一来,就有爱的可能。

爱不是情绪、不是浪漫主义、不是依赖;而且很难了解那些状况——因为我们的心灵总是阻碍、限制和侵害了它的运作。因此,首先要了解心灵及其方式是很重要的,否则,我们将陷在毫不重要的幻想、语言和感觉当中,对大多数的人来说,观念只是一种避风港和逃避;观念变成了信仰,自然避免了完整的生活、完整的行动和正确的想法。要正确地思考、自由、智慧地生活,只有在自我认识变得更深沉、更宽广的时候才有可能。

奥嘉义·1949 年 8 月 28 日

第六章

性是一种完全逃避自我的方法

你的心灵为什么充满了性?因为性是一种完全逃避自我的方法,因为它是全然忘我的。暂时的,最起码在那个时刻,你可以忘记"自我"——而你没有其他的方法可以忘记自己。

问：我们知道性是生理和心理上不可缺少的一种需求，而它似乎是这个时代导致我们个人生活混乱的根源。年轻的女人成为男人欲望下的牺牲品是很可怕的。压抑和沉溺都是没有用的。我们要如何看待这个问题呢？

克：无论我们接触什么，为什么总会产生问题？我们已把上帝变成问题，把爱变成问题，我们也把关系、生活变成问题，也把性变成问题。为什么呢？为什么我们做的每件事都是问题，都是恐怖的呢？我们为什么在受苦？为什么性也变成问题？我们为什么甘愿与问题一同生活呢？我们为什么不结束这一切呢？我们为什么不让它们了结，而要日复一日、年复一年地背负着它们呢？的确，性是个问题，但主要的问题是：我们为什么把生活弄成问题？工作、性、赚钱、思考、感觉、经验——你知道的，生活这回事——为什么它们是问题？难道不是因为我们总是从特定和固执的观点来思考事情吗？我们总是从中心往外围思考，但这个外围是我们大部分人的中心，所以我们接触的任何事物都是肤浅的；但是生活不是肤浅的，它要求的是完整的。因为我们只是肤浅地活着，我们只知道肤浅的反应，所以不管我们在外围做了什么，必定无可避免地制造了问题，而这就是我们的生活——我们生活在肤浅里，而我们满足地、肤浅地与所有问题活在一起。

所以，只要我们肤浅地在外围上活着就会产生问题——外围就是"我"和它的种种感觉，可以是客观或是主观的，可以和宇宙、国家或心灵的事物认同的。所以，只要我们生活在外表的领域里面，就一定会复杂、一定有问题，这就是我们所知道的。心灵是一种感觉，是累积感觉和反应的结果，而任何它接触到的事情，就必定会有悲惨、混乱、无止境的问题。这种心灵是造成我们问题的真正原因，它夜以继日地工作，有意识和无意识地工作。心灵是最肤浅的东西，而我们花了世世代代的时间——我们的生命——培育心灵，让它愈来愈聪明、愈来愈微妙、愈来愈狡猾，也愈来愈扭曲和不诚实——在我们生活中，这每一项都是显而易见的。我们心灵中的本质会变得不诚实、扭曲、不能面对事实，心灵会制造问题，心灵就是问题的本身。

现在，性的问题意味着什么？它是行为吗？或是有关行为的想法？当然，它不是行为。性行为对你不是问题，就像"吃"对你不是问题一样；但是，如果因为你没有别的事可想，整天考虑"吃"的话，它就是问题了。所以，性行为是问题吗？还是想法是问题呢？你为什么要想呢？你为什么制造这个问题呢？那些电影、杂志、故事、别人的穿着打扮，一切都造就了你对性的想法。为什么心灵会造就它？为什么思想会一直想到性？为什么性会成为你生活中最重要的一件事？当有这么多事需要你的注意时，你却把全部的注意力放在性上。你的心灵为什么充满了性？因为性是一种完全逃避自我的方法，因为它是全然忘我的。暂时的，最起码在那个时刻，你可以忘记"自我"——而你没有其他的方法可以忘记自己。你在生活里做的每一件事，都强调着"我"，强调自己。你的事业、你的宗教、你的神、你的领袖、你的政治和经济活动、你的逃避、你的社交、你加入某个政党、拒绝另一个政党——所有的一切都强调和强化了"我"。也就是,只有一种活动没有强调"我",所以就成了问题。当在你生活中只有一件事是可以逃避时,哪怕只有几秒钟可以全然忘我,你也会接近它,因为这是你唯一可以快乐的时刻。其他的事物会变成梦魇,是痛苦的来源,所以你依赖着这个可以使你全然忘我的事,你称之为快乐。但是当你依赖它,它也会变成梦魇,因为你会想要从中脱逃,不想成为它的奴隶。所以,你再一次从心灵中发展出纯洁、禁欲的信念,而你想要禁欲、守贞,借着压抑、否认、打坐,或借着各种的宗教上的练习,让心灵和现实断绝关系。这种做法再次特别强调了"我",这个不甘寂寞的"我"。所以,你再次陷在痛苦、麻烦和挣扎中。

只要你不了解思考这个问题的心灵时,性就变成一个非常困难和复杂的问题。性行为的本身不是问题,但是对性行为的想法产生了问题。你保护这种行为,在婚姻里,你纵容自己。当然,只有在当你了解"我"和"我的"的全部过程和结构时,问题才能解决:我的妻子、我的丈夫、我的孩子、我的财产、我的汽车、我的成就、我的成功;而且直到你了解并解决所有的问题时,性仍然会是问题。只要你是有野心的——政治上、宗教上或任何方面——只要你是强调自我、思想者、经验者,用野心来喂养它,不管是以你个人之名,或以国家之名,或以政党、宗教的信念为名,只要有任何自我膨胀的活动,你就会有性方面的问题。

的确,一方面你正在创造、培育和壮大自我;而另一方面,你正想忘记自己,即使只是一瞬间的忘我。这两者如何并存?所以,你的生活是矛盾的:强调"我",又要忘记"我"。性不是问题,问题在你生活里的这些矛盾,而这些矛盾不能借心灵来化解,因为心灵本身也是矛盾的。

只有当你完全了解你每天存在的过程时，才能了解矛盾。看电影、读书刺激思考、看那些有半裸图片的杂志、你看别人的方式、捉住你的那些狡猾的眼睛——所有的这些事正借着迂回的方法鼓励心灵来强调自己；而同时，你试着和善、充满爱意和温柔。这两者是无法并存的。

有野心的人，不管在灵性上或其他方面，都不可能没有问题，只有当忘记自己，当"我"不存在时，问题才会消失。而这种自我不存在的状态，不是意志的反应，它不只是反应而已。性变成一种反应，而当心灵试着解决问题时，只会让问题更令人迷惑、更麻烦、更痛苦。所以这种行为不是问题，而是心灵有问题——心灵认为人必须纯洁。纯洁也不是属于心灵。心灵只会压抑自己的活动，而压抑并不是纯洁。纯洁也不是美德，纯洁是不能培养出来的。会培养谦逊的人，一定不是谦逊的人；他可能称他的自傲为谦逊，但他仍是个骄傲的人，而这也就是他为什么寻求谦逊的原因。骄傲无法变得谦卑，而且纯洁也不是属于心灵的事——你不能"变得"纯洁。只有在爱的时候，你才会了解纯洁。而爱是不属心灵的，也不是心灵的产物。

所以，性的问题折磨着全世界无数的人，只有了解心灵之后，这个问题才能解决。我们不能停止思考，但是当思想者停止时,思考才会结束，而只有了解全部过程的时候，思想者才会停止。当思想者和他的思想之间有分歧的时候，恐惧就会产生；只有在没有思想者的时候，才没有思想上的冲突。这其中的含意不需要任何努力去了解。思想者经由思想进入人，然后思想者努力去成形，去控制自己的思想，或停止思考。思想者是个假想的实体、心灵的幻影。当了解思想是事实，就不需要去思考事实了。

如果有单纯的、没有选择的觉察，而那些事实的含义就会自动显示出来。因此事实终结了思想。然后你会发现那些腐蚀我们的心灵和思想的问题、社会结构的问题都能解决。然后，性不再是问题，它有它适当的定位，它既不是不纯洁，也不是纯洁。

性有它的定位，但是当心灵赋予它显著的地位，它就成为问题。心灵赋予性显著的地位，是因为它不能没有一些快乐而活着，所以性就变成了问题；但是当心灵了解它全部的过程，就会结束了。也就是当思考停止时，便会有创造，而正是这种创造，使我们快乐。处在创造的状态是一种至福，因为这是一种忘我，也就是没有自我的反应。这不是日常生活中性问题的抽象答案——这是唯一的答案。心灵拒绝去爱，而没有爱就没有纯洁。就是因为没有了爱，你把性变成了问题。

问：爱，如我们知道和经验到的，是两个人或团体之间的融合；它是独占的，包含了痛苦和喜悦。当你说爱是生活问题唯一的解决之道时，你对这个字认定的含义，是我们很难去体验的。在你的感觉里，像我这种普通的人能了解爱吗？

克：每个人都能了解爱，但只有在你能非常清楚地看清事实，没有抗拒、没有辩护、没有解释——只是仔细地看着，详细清楚地观察时。那么我们称为爱的东西是什么呢？发问的人说它是独占的，而在爱里面，我们知道有痛苦和喜悦。爱是独特的吗？当我们检视时，必须找出普通人所谓的爱是什么。没有普通的人，只有人，就是你和我，所谓普通人，是政客所发明的假想实体。只有人——在悲伤、痛苦、焦虑和恐惧中的你和我。

而我们的生活是什么呢？为了要找出爱是什么，让我们从我们所知的着手。我们的爱是什么？介于痛苦和快乐之间，我们知道它是独占的、个人的：我的妻子、我的孩子、我的国家、我的上帝。我们知道它像是烟雾中的火焰，我们经由嫉妒知道它，我们经由支配知道它，我们经由占有而知道它，当别人离开的时候，我们经由失去而知道它。

所以，我们知道爱是种感觉，不是吗？当我们爱的时候，我们知道嫉妒，我们知道恐惧，我们也知道焦虑。当你说你爱某人的时候，其中的含意是：羡慕、占有欲、拥有主宰和失去的恐惧；等等。所有的这些，我们称为爱，而且没有恐惧、没有羡慕、没有占有，我们就不知道爱：我们一直把没有恐惧的爱用语言来表达，我们称之为客观、纯粹、神圣的，或天知道别的什么的，但事实是我们是嫉妒、专横、占有的。

我们知道只有在嫉妒、羡慕、占有和支配结束的时候，才会有爱。而只要我们占有了，就不会去爱。

羡慕、占有、憎恨、支配别人或事情的欲望，我们称为"我的"，这种占有和被占有的欲望都是思想的过程，不是吗？爱是一种思想的过程吗？爱是心灵的产物吗？实际上，对我们大部分的人来说，是的。别说它不是——这是无意义的。别否认你的爱是一种心灵的产物。的确是的，否则，你不会去占有，你不会去主宰，你不会说："它是我的。"即使你确实说过。

所以爱对你而言，是一种心灵的产物，是思想的过程。你可以想一想你爱的人，但是你在"想你爱的人"是爱吗？你何时想到你爱的人？当她走了、离开以后，你想她。但是当她不再打扰你，当你能说"她是我的"时候，你就不必再想她了。你不必去想你的家具，它是你的一部分——这是一种认同的过程,所以不被打扰、避免麻烦、焦虑和悲伤。所以,只有当你被打扰、受苦的时候,你会思念你爱的人;而只要你占有一个人,你就不必想到他,因为占有就没有打扰。但是当占有被打扰的时候,你开始想,然后你说:"我爱那个人。"所以,你的爱只是思想的反应,不是吗?这表示你的爱只是一种感觉,而感觉的确不是爱。你会想一想和你接近的人吗?当你拥有、把持、主宰、控制的时候,当你可以说"她是我的"或"他是我的"的时候,就没有问题。只要你能确定你的占有,就没有问题。而社会,你在周围所建立的一切,帮助你去占有而不被打扰,而不用想到它。当你被打扰时,会思考——而当你想到所谓的"爱"时,你就被打扰了。

的确,爱不是心灵的产物。这是因为心灵的产物已经充满我们没有爱的心灵。心灵的产物包括嫉妒、羡慕、野心、成名的欲望和追求成功。这些思想充满你的心,然后你说你爱;但是当你有这些令人困惑的因素时,如何能爱?当有烟雾时,如何能有纯粹的火焰?爱不是心灵的产物,爱是解决我们的问题的唯一方法。

爱是不属于心灵的。一个积聚钱财和知识的人,永远不知道爱,因为他和心灵的产物共存、他的活动是属于心灵的,而他接触的任何事物,都会导致问题、混乱和悲惨。

所以,我们称为爱的是心灵的产物。看看你自己,而你会发现我说的显然是事实。否则,我们的生活、婚姻和关系,会全然不同,我们会有一个新的社会。我们不是借着融合将我们联系在一起,而是经由合约,也就是所谓的爱和婚姻。爱不是融合、调整——它既不是个人的,也不是客观的,它是生命的状态。这种想要与更伟大的事物融合、与他人结合为一体的人，正在避免悲惨、混乱；但是这种心灵仍是分歧、瓦解的。爱所知的既非融合又非扩散，它既不是个人的也不是客观的，它是一种生命的状态，是心灵无法发现的——心灵能描述它，给它一个名称、名字，但是文字、描述都不是爱。

只有当心灵安静下来，才会了解爱，而这种沉静的状态是不需要培养的。培养是一种心灵的活动，训练则是一种心灵的产物，而一种训练、控制、征服、抵抗和解释的思想，不能了解爱。你可以阅读，你可以听别人说什么是爱，但那不是爱。只有当你放弃心灵的产物，当你的心中没有心灵的产物时，才会有爱。然后你会知道没有分离、没有距离、没有时间、没有恐惧的爱是什么——而那不是为少数人而保留的。爱是没有阶级的，是唯一的爱，只有当你不爱的时候则是例外。当你爱的时候，没有"你"也没有"我"。只有火焰，而没有烟雾。

孟买·1950年3月12日

第七章

如何摆脱恐惧

我们是害怕事物本来的样子,还是害怕我们认为的样子?比如说死亡,我们是害怕死亡的事实,还是害怕死亡的观念?事实是一回事,而事实的观念又是另一回事。

问：我要如何摆脱那些影响我所有活动的恐惧？

克：这是个非常复杂的问题，需要高度的注意力。而且如果我们没有充分地探索，去体验我们探索的每个步骤，到最后，我们仍然无法免于恐惧。

恐惧是什么意思？恐惧什么？有各种不同类型的恐惧，而我们不需要去分析每种类型。但是我们能看见，当我们不完全了解关系时，恐惧便会存在。关系并不是只存在于人与人之间，而存在于我们和自然、我们和财产、我们和观念之间。只要不完全了解关系，就一定有恐惧。生活是种种的关系。活着就要有关联，而没有关系就没有生活。没有任何事物能孤立存在，而只要心灵寻求孤立，就一定会有恐惧。所以，恐惧不是抽象的事物，它只有在和某事有关联时才存在。

现在的问题是如何摆脱恐惧。首先，要克服任何事物，必须一再地战胜它。但没有问题最终能被克服、战胜的，它只能被了解，而不是克服。这是两种完全不同的过程，而克服的过程，只会导致进一步的混乱和恐惧。与一个问题抵抗、主宰、争斗或筑墙防卫，只会制造更进一步的冲突。然而，如果我们能了解恐惧，逐步地进入，探究它所有的内容，那么恐惧便无法以任何的形式回来——而这也就是我所希望我们现在能做的。

我说过，恐惧不是抽象事物，它只存在于关系中。那么，我们所谓

如何摆脱恐惧 | **51**

的恐惧是什么意思呢？终究，我们害怕不存在，没有改变。现在，当有害怕不存在、不进步的恐惧，或对未知、死亡的恐惧时，可以借着决心、结论或选择来克服吗？当然不行。只有压抑、升华或替代造成了进一步的抗拒，不是吗？所以，恐惧不能借着任何规条或抗拒的形式来克服的。寻找答案，或经由知识、口头的解释，都无法从恐惧中获得自由。

现在，我们在害怕什么呢？我们是害怕事实或关于事实的观念吗？请注意这点。我们是害怕事物本来的样子，还是害怕我们认为的样子？比如说死亡，我们是害怕死亡的事实，还是害怕死亡的观念？事实是一回事，而事实的观念又是另一回事。我是害怕"死"这个字，还是事实本身？因为我害怕这个字、这个观念，我就从来不了解事实，没有看到事实，没有和事实有直接的关系。只有当我和事实有完全的交流时，才没有恐惧。但是如果我没有与事实交流，就会有恐惧，而只要我对事实有观念、意见、理论，和事实就不会有交流。所以我必须非常清楚：我害怕的到底是字、观念还是事实？如果我与事实面对面，没有什么好了解的，事实就在那里，而我可以处理它。但是如果我害怕这个字，那么我就必须了解这个字，深入探究这个字的含义是什么。

比如说，有人害怕寂寞，怕痛、怕寂寞的痛苦。的确，恐惧的存在是因为人从不真正地正视寂寞，人们从不愿和它完全地交流。当人们对寂寞的事实完全开放自己，就能了解它是什么。但是人们的观念、意见，是基于以前的知识，而就是这个观念、意见和以前的知识，创造了恐惧。所以，恐惧显然是命名、称呼、投射符号以表现事实的结果，也就是恐惧和用字是分不开的。

我对寂寞有个反应，就是：我说我害怕当小人物。我是害怕这个事实，还是因为我先前对这事实的文字、象征和印象的知识，唤起了恐惧？如何能对事实产生恐惧？当我面对一个事实的时候，直接与它交流，我可以看着它，观察它，因此就没有恐惧。导致恐惧的是我对事实的理解，事实可能是什么，或事实会发生什么。

所以，我对事实的意见、观念、经验和知识，都会造成恐惧。只要把事实言语化——给予事实一个名称，然后认同它或谴责它——只要思想如旁观者一样判定事实，就一定会产生恐惧。思想是过去的产物，它只能经由口语、符号、印象存在。只要思想干扰事实，就一定会有恐惧。

所以，是心灵创造出恐惧，而心灵是思考的过程。思考使用言语来表现。你不能没有文字、符号、印象地思考；这些印象是偏见，是先前的知识、是对心灵的理解，投射在事实之上，而从其中就诞生了恐惧。只有心灵能够看清事实，没有诠释，没有命名、没有贴标签，才有免于恐惧的自由。这是相当困难的，因为那些我们有的感情、反应和焦虑，迅速地被心灵认同，并予以命名。嫉妒的感觉就与"嫉妒"一词认同。现在，有没有可能不去认同一种感情，并在没有为它命名的状况下去看待一种感情呢？为感情命名可让它持续下去，增加力量。当你为恐惧命名的时候，你就强化了它，但如果你没有命名，只是看着那种感觉，你会发现它离开了。因此，如果人希望完全免于恐惧，必须了解命名、投射符号、印象以及给事实命名的全部过程。也就是，只有在认识自己的时候，才能有免于恐惧之自由。认识自己是智慧的开端，是恐惧的终点。

问：我要如何才能永久摆脱性的欲望？

克：为什么我们想要永久摆脱欲望？你称为性的欲望，别人称之为

如何摆脱恐惧 | 53

依赖、恐惧的欲望；等等。我们为什么想要永久摆脱任何欲望呢？因为那个特定的欲望在烦扰我们，而我们不想被打扰。这就是我们所有的想法，不是吗？我们想要自我封闭，不被打扰。也就是，我们想要孤立，但是没有任何事物可以孤立存在的。在追寻上帝的过程中，所谓的宗教人士正在寻求完全的隔绝，从而不再被打扰，但是这种人不是真正虔诚的。真正虔诚的人是那些全然了解关系而没有问题、没有冲突的人。并不是他们不被打扰，而是因为他们不寻求确定，他们了解打扰，因此，不会因为安全的欲望而产生自我封闭的过程。

现在，这个问题需要深入的理解，因为我们正在处理感觉，就是思想。对最大部分的人来说，性已经成为非常重要的问题。人们变得没有创意、害怕、封闭，阻绝了各种方向，性是他们发现的唯一能放松的事情，可以暂时地逃避。在短暂的自我放逐中，"我"与它所有的麻烦、混乱和烦恼都消失了，而产生了极大的快乐。借着忘却自我，会产生稳定感和放松感，我们在宗教、经济方面没有创造性，在其他方面也一样，因此，性变得极为重要。在日常生活中，我们只是像留声机一样地记录，重复我们所学过的语句；在宗教上我们是机器人，机械化地追随神职人员；在经济和社会方面，我们被环境的影响约束、绑死了。我们能有任何放松的机会吗？显然不行；而没有放松，就会有挫折。这就是为什么性行为，是一种放松，会成为我们如此重要的问题。而社会通过广告、杂志、电影来鼓励，并且刺激它。

只要这种心灵——就是结果，是感觉的焦点——把性看作解放的方法，性一定会出问题；而只要我们无法广泛地创造，不只在某一特定的方面，这个问题就会持续下去。创造与感觉无关。性是属于头脑的，而创造力不是头脑的产物。创造力从来就不是头脑的产物、思想的产物，而性是一种感觉，也绝不可能是有创造力的。它可能会生出婴孩，但这显然不是创造力。只要我们依赖感官来解脱，以任何形式来刺激，一定会有挫折，因为头脑已经变得无法明白创造力是什么了。

这个问题不能借着任何的戒律、禁忌、社会的公告或制裁来解决。只有当我们了解头脑的全部过程时，才能解决，因为头脑是性。它是头脑的印象、幻想和影像，这些刺激使它成为性，而当头脑是感觉的结果，它只会变得愈来愈感官了。如此的心灵是无法具有创造力的，因为创造不是感觉。只有当心灵不再追求任何形式的刺激，不论外在或内心的，它才可能全然地安静、自由，而只有在那种自由中才有创造。我们已经使性进入了某种丑陋的东西中，因为它是我们仅有的私密感觉，所有其他的感觉是公开、开放的。但是只要我们以任何形式的感觉当作解脱的方法，它只会增加问题、混乱和麻烦，因为解脱无法经由寻求结果而来到。

发问者想要永久了结性的欲望，因为他有个思想是：那时他的所有干扰都会消失，这也就是为什么他要寻找、要努力的原因。这种努力使他无法自由地了解心灵的过程。只要心灵寻求永远没有任何干扰的状态，就会封闭起来，而因此无法有创造力。只有当心灵从希求达成某事，从追求成功的欲望中解脱出来，从而没有恐惧时，它才可以全然安静。只有在那个时候才可能拥有创造力。

问：没有人爱我，但我想拥有爱，因为没有爱，生活就没有意义。我该如何满足这种欲望呢？

克：我希望你不只在听文字表面的意义，因为它们会是另一种误导，浪费时间。但是如果你是真的去体验我们所讨论的事，那么它们会是非常重要的；因为即使你用有意识的心灵去了解文字，如果你体验过，那么无意识的心灵也参与了。有这样的机会，无意识会显示它的全部内容，从而引发完全的自我了解。所以我希望你不只在听谈话，而实际地去经验我们谈到的事。

发问者想知道如何去爱与被爱。这不正是我们大部分的人的处境吗？我们都想要爱与被爱。我们谈论了很多。所有的宗教、所有的传道者，都在讨论它。所以，让我们找出爱的意义。

爱是一种感觉吗？爱是一种心灵的产物吗？你能想一想爱吗？你能想到爱的对象，但是你不能想到爱，是吗？我能想到我爱的人，我可以有个画面、人的印象，回忆我们关系中的那些感觉。但爱是感觉、回忆吗？当我说"我想要爱与被爱"，这难道不是一种思想和思想的反应吗？思想是一种爱吗？我们是这么认为，不是吗？对我们来说，爱是一种感觉。这就是为什么我们对所爱的人有一种影像；这也就是为什么我们会思念他们、依赖他们的原因；这就是思想的过程，不是吗？

目前，思想在各方面受到挫折，因此它说："我在爱中发现快乐，所以我必须要有爱。"这就是为什么我们紧黏着所爱的人、为什么我们想在身体及心理占有所爱之人。我们创造法律以保障我们所爱的事物，不管是人、钢琴、财产、观念或信仰，因为在占有中——与它所有的嫉妒、恐惧、怀疑和焦虑——我们会觉得踏实。所以，我们已使爱变成心灵的产物，而且装满在心中。因为心是空虚的，心灵就说："我必须有那种爱。"而且我们借着妻子、丈夫以充实我们自己。经由爱，我们试着变成某种人物。也就是说，爱变成有用的东西，我们利用爱，当作手段来达到目的。

所以，我们已使爱变成一种心灵的产物。心灵变成爱的工具，而心灵只是感觉。思想是记忆对感觉的反应。没有了符号、文字和形象，就没有记忆，没有思想。我们知道所谓爱的感觉，我们也紧靠着它。而当它失败时，我们需要相同感觉的其他感情。所以，我们愈培养感情，我们就愈培养出所谓的知识——这只是记忆而已——而爱就愈少。

只要我们在寻求爱，一定会有自我封闭的过程。爱意味着容易受到伤害和融合，而只要有自我封闭的过程，就没有融合、没有弱点。这种思考的过程正是恐惧，而在恐惧之中，我们利用思想为手段以追求进一步的刺激时，如何能与他人融合呢？

只有当你了解心灵的全部过程时，才能有爱。爱不是属于心灵，而你不能思考爱。当你说"我想要爱"，你就正在想它，你正在渴望它，这是一种感觉，达到目的的手段。因此你要的不是爱，而是刺激。你需要一种手段以充实你自己，不管是人、工作或特别的刺激等。的确，那不是爱。爱只有在忘却自我，和借着认识自己以解脱自己时，才会出现。借着认识自己带来了解，以及当心灵的全部过程完全显示出来并得到了解时，你就会知道爱是什么。然后你会发现爱无关乎感觉，不是满足的手段。爱是自发的，没有任何结果。爱是存在的一种状态，而在这种状态中，"我"伴随着对它的认知、焦虑和占有都不见了。爱不能只是"自己"的活动，不管有没有意识，它持续地存在着。所以说，了解自我、了解认知的中心对"我"是非常重要的。

纽约·1950 年 6 月 18 日

第八章

如何克服寂寞

我们的一生就是逃离寂寞的全部过程,不是吗?在关系中,我们用他人来掩盖寂寞;我们所做的一切,对知识的追求、经验的累积等,都是一种分心,用来逃避空虚寂寞。

问：我要如何克服寂寞呢？

克：你能克服寂寞吗？无论你克服了什么，就必须一再地克服它，不是吗？你了解的会结束，但是你要克服的不会结束。这种战斗过程只会让你对抗的目标更加强大。

现在，我们大部分人注意到的寂寞是什么？我们知道它，而我们也逃避它，不是吗？我们以各种形式的活动逃离它。我们是空虚、孤独的，而且我们害怕，所以我们试着用一些方法去掩盖它——冥想、追寻上帝、社会活动、收音机、饮料或任何你会的方法——我们宁愿做别的事而不去面对它、和它在一起、了解它。不管我们是借着上帝的观念或是酗酒，都是同样的逃避。人只要从寂寞中逃开，崇拜上帝和沉溺酒精就没有很大的差异了。从社会的角度来看，可能有异；但在心理方面，这种人是在逃避他自己，逃避自己的空虚，他的逃避是在寻求上帝，和酒鬼是相同的。

很重要的一点是，不要克服寂寞，而要去了解它，但如果我们不能面对它、正视它，继续地逃跑的话，就无法了解它。

而我们的一生就是逃离寂寞的全部过程，不是吗？在关系中，我们用他人来掩盖寂寞；我们所做的一切，对知识的追求、经验的累积等，都是一种分心，用来逃避空虚寂寞。所以，这些分心和逃避，显然要停止了。如果我们要了解某事，就要集中注意力。而如果我们害怕，想借其他的事分心以逃避，我们如何能全神贯注在寂寞上面呢？所以，当我们真正想了解寂寞，当我们全神贯注时，我们会发现，只要我们不明了内心最基本导致恐惧的原因，创造力就不会存在——当我们达到这点，所有形式的分歧就会结束，不是吗？许多人嘲笑寂寞，说："哦，那只是中产阶级的人才会。天哪，去做做事，忘掉它吧！"但是空虚无法被遗忘的，也不能被放在一边。

所以人们应该真正地去了解我们所谓的寂寞这个基本的东西，我们必须停止所有的逃避；但是在烦恼、寻求结果和任何欲求的行为中，逃避是不会停止的。人们必将发现，如果不了解寂寞，任何形式的活动都只是分心、逃避、自我孤立的过程，只会造成更多的冲突、悲哀。看清事实是很重要的，因为只有如此，才能面对寂寞。

然后，如果我们更深入地想下去，不管我们认为寂寞是事实或文字，问题都会产生。寂寞是事实吗？还是只掩盖某些与我们所想的不同的事情？寂寞不是一种思想的结果吗？也就是说，思想是由建立在记忆之上的言语表达，我们不也是借着言语表达、思想和记忆，来看待我们所谓的"寂寞"吗？所以，为这种状态命名，可能导致恐惧，从而使我们无法更仔细地看它；而如果我们不为它命名的话，这由心灵生出的状态是寂寞吗？

的确，寂寞和孤独之间是有差别的。寂寞是自我孤立的终点。你愈意识到自己，就愈孤立。而自我意识是孤立的过程。但是孤独不是孤立。只有当寂寞结束时，才有孤独。孤独是一种状态：当外在的影响和内在记忆的影响都已经完全地停止时，或只有当心灵处于这种状态时，它才能了解不朽。但是要达到这种境界，我们必须了解寂寞、孤立的过程，也就是自我和它的活动。所以，自我了解是停止孤立的起步，对寂寞也是如此。

西雅图·1950 年 8 月 6 日

第九章

"我"是空虚的始作俑者

"我"是无法实现的,它总是空虚的。当你完成某些成果的时候,你可能有一些成功、充实的感觉,但当这种感觉离开,你又回到空虚的状态。所以你开始像往常一样,再次追寻相同的过程。

问：如果一个人没有理想，他要如何自我实现？

克：虽然我们大部分的人都在寻求成就，但真有这样的事吗？我们借着家庭、儿子、兄弟、妻子、财产、认同的国家或团体，借着追求理想、追求"我"的延续，来实现我们自己。在不同的意识程度，就有不同形式的成就。

真有成就这种东西吗？成就是什么呢？我们在寻找或认同的是什么呢？你何时觉得有成就？你何时寻求成就？

如果你认为我们所说的只是停留在言语的层次，那么请走吧！你只是在浪费时间。但是如果你想更深入地去追寻，那么就小心地跟随它，因为我们需要智慧，不是死气沉沉的反复片语、文字和例子。我们需要的是创造，智慧整合的创造，这表示要借着你对心灵过程的了解，直接地找出解决的方法。所以在听我说的同时，直接让它和你自己产生关联，去体验我所说的话。而借着我的话，你无法体验。只有当你有能力、渴望的时候，当你观察自己的思想、感情的时候，你才能经验到。

欲望何时会得到实现呢？你何时意识到它的存在而去追求、去实现？请注意你自己。你何时有意识的？当你受到阻挠的时候，你没有意识到它吗？当你觉得非常寂寞，看清自己的时候，你没有意识到它吗？只有当你觉得空虚寂寞的时候，你会意识到这种对成就的渴望。然后你经由无数的形式、性、与财产、与树、与在意识的不同层次的一切的关系，来追求成就。这种想成为、认同、实现的欲望，只有当"我"的意识是空虚寂寞时才会存在。这种实现的欲望是逃避的我们所谓的寂寞，所以，我们的问题不是如何去实现，或什么是成就，因为根本就没有成就这回事。"我"是无法实现的，它总是空虚的。当你完成某些成果的时候，你可能有一些成功、充实的感觉，但当这种感觉离开，你又回到空虚的状态。所以你开始像往常一样，再次追寻相同的过程。

所以，"我"是空虚的始作俑者。"我"就是空虚，"我"是自我封闭的过程，在其中我们意识到极大的寂寞。所以，注意这点，我们正借着各种形式的认同而逃避。这些认同，我们称为成就。实际上，是没有成就的，因为心灵，"我"，是无法实现的。"我"会自我封闭是很自然的。

所以，觉察到空虚的心灵要做什么呢？这就是你的问题，不是吗？对我们而言，空虚的痛苦是非常强烈的。我们为了想逃离它而去做任何事。任何幻象都是充分的，而这也就是幻象的来源。心灵有能力去创造幻象。只要我们不了解孤独，自我封闭孤寂的状态——做你想做的，追寻你要的成就——总是有障碍阻隔，无法完成。

所以，我们的困难就是去意识到这种空虚、寂寞。我们从不与它面对面。我们不知道它是什么样子，它的特质是什么，因为我们总是逃离、退缩、孤立、认同。我们从不直接面对它，与它融合。我们是观察者和被观察者：也就是，心灵，"我"——观察到空虚，而这个"我"，思想者，然后着手从空虚中了解自己或逃脱。

所以，空虚、寂寞和观察者不同吗？观察者本身不也是空虚的吗？因为如果观察者没有能力认出他所谓的寂寞状态，就没有经验。他是空虚的,他不能够影响它,他无能为力。因为如果他做了什么事,他就变成观察者去影响他所观察的事物,这是个错误的关系。

所以,当心灵认出、明白,并知道它是空虚的,而无法影响它,那么我们从外面意识到的空虚就有不同的意义。到目前为止,我们以观察者来接近它。现在,观察者本身是空虚、孤独、寂寞的。他能做什么吗?显然不能。然后,他的关系是完全不同于观察者的关系。他有着孤独。他正处于没有以言语来表达"我是空虚的"状态。在他语言化或具体化时,他就和它不同了。所以,当言语表达停止的时候,经验者停止体验寂寞的时候,他也停止了逃避的时候,那时他是完全寂寞的。他的关系本身是寂寞的,他本身也是,而当他完全明白的时候,空虚、寂寞就消失了。

寂寞和孤独是完全不同的。寂寞必须被转化成孤独。寂寞是不能和孤独相比的。了解寂寞的人无法了解孤独。你是孤独的吗?我们的心灵无法整合成孤独。心灵的过程是分离的,而分离了解寂寞。

但是孤独不是分离的。它是某些而不是多数,不受多数影响,不是多数的结果,不像心灵那样整合起来。心灵是属于多数的。心灵不是单独的实体,几个世纪以来,已经被整合、重塑过了。心灵不能单独存在。心灵无法了解孤独。但是如果你在经历寂寞的时候,你注意到寂寞,就会进入孤独,而那是无法估量的。

不幸的是,我们大部分的人都寻求依赖。我们想要有同伴,我们想要朋友,我们想要分离,想要在引发冲突的状态中。孤独无法存在于冲突的状态中。但是心灵绝对无法看到这一点,无法了解,它只知道寂寞。

问:你说真理只有在人可以孤独并爱上悲伤的时候,才可能来到。这么说不清楚。请你解释你所谓的孤独和爱上悲伤。

克：我们大部分的人没有和任何事有交流。我们没有直接与我们的朋友、妻子、孩子交流。我们没有直接与任何事交流。总是有障碍——精神上、想象中和事实上的。而分离显然是悲伤的原因。别说："是的，我们已经读过了，我们口头上知道了。"如果你能够直接去经验它，你会发现悲伤是无法经由任何心理的过程来结束的。你可以解释悲伤，这是一种心理的过程，但是悲伤仍然存在，虽然你可能把它遮住了。

所以，要了解悲伤，你就必须爱它。也就是说，你必须直接与它交流。如果你完全了解某件事——你的邻居、妻子或任何关系——你必须要接近它。你必须不带任何异议、偏见、责难或嫌恶来接近它，你必须看着它。如果我了解你，我必须对你没有偏见。我必须可以没有偏见、阻碍地来看着你。我必须和你交流，这表示我必须爱你。同样的，如果我了解悲伤，我就必须爱它，必须和它交流。我不能够做到，是因为我借着解释、理论、希望、延迟来逃避，这些是言语表达的过程。所以，语言使我无法和悲伤交流。语言——解释、合理化的语言仍是文字，是心理的过程——使我无法直接和悲伤交流。只有当我和悲伤交流的时候，才能了解它。

下一步骤是：我，悲伤的观察者，与悲伤不同吗？我，思想者，经验者，与悲伤不同吗？而我为了要做某些事，为了要避开它，为了要克服它，为了要逃避它，已将它具体化。我和我所谓的悲伤有什么不同吗？当然没有不同。所以我就是悲伤——并不是悲伤单独存在，我和悲伤不同，而是我就是悲伤。然后才有可能结束悲伤。

只要我是悲伤的观察者，悲伤就不会终结。但是当我明了到悲伤就是这个"我"，观察者自己就是悲伤，当心灵明白它本身就是悲伤时——不是当它在观察悲伤，也不是当它在感觉悲伤的时候——它本身正是悲伤的始作俑者和感觉到悲伤的人，那时悲伤就会终止。这是非常难以经验的事，注意，因为几个世纪以来，我们已经把它分离了。这需要，不是传统的思考，而是很警觉、小心、有智慧的意识。这种智慧，整合的状态就是孤独。当观察者就是被观察者时，就是整合的状态。而在孤独，完全孤独时，当心灵不再寻求任何事、不摸索、既不寻求回报也不逃避处罚，当心灵是真正地静止时，只有在那个时候，那心灵无法衡量的才会出现。

马德拉斯·1952 年 2 月 3 日

第十章

寂寞是自我封闭的行动

寂寞是多么奇怪又吓人的东西呀！我们从不允许自己太靠近它。如果偶然接近，我们也会很快地逃开它。我们用尽办法去逃避寂寞，或者掩盖它。我们有意识和无意识的成见似乎要去避开它或克服它。

她的儿子最近过世，她说她不知道该怎么办。她有这么多时间，她是这么无聊、疲惫和悲伤，她已准备好去死了。她曾经以关爱和智慧抚养他长大，而他也进入最好的学校和大学。虽然他有一切所需的东西，但她并没有宠坏他。她将信心和希望寄托在他身上，并且给了他全部的爱，因为没有别人可分享，她和丈夫分开很久了。她的儿子因为一些错误的诊断和手术而死亡——虽然，她微笑着说那些医生说手术是"成功的"。现在，她独自一人，而生命似乎变得空虚和毫无意义。他死的时候，她曾经哭过，哭到不再有眼泪，而只有麻木和疲倦的空虚。她曾经有两个人的计划，但是现在，她完全迷失了。

　　微风吹自海洋，清凉而且沁人心脾，树下是一片寂静。山色鲜活，而且那些蓝色的鸟非常聒噪。有一头母牛游荡而过，后面跟着小牛。松鼠冲上树干，放肆地喋喋不休，它坐在树枝上开始唠叨，持续了好长一段时间，它的尾巴上下摆动着。它的眼睛如此闪亮，脚爪十分尖锐。一只蜥蜴爬出来取暖，它捉到一只苍蝇。树梢正在轻轻地摇动，一棵枯死的树衬着天空，显得笔直而壮观。它被太阳晒白了。旁边还有一棵枯死的树，黑黝而又扭曲，最近才开始腐烂。几片云在远方的山上憩息着。

　　寂寞是多么奇怪又吓人的东西呀！我们从不允许自己太靠近它。

如果偶然接近，我们也会很快地逃开它。我们用尽办法去逃避寂寞，或者掩盖它。我们有意识和无意识的成见似乎要去避开它或克服它。逃避和克服寂寞都是无用的，压抑或忽略这种痛苦，问题仍然存在。你可能在人群中迷失自己，从而完全孤独；你可能很活跃，但是寂寞静静地爬上你的心头；放下书，它还在那里。娱乐和饮酒不能够溺死寂寞，你可以暂时逃避它，但是当笑声和酒精的效果消失时，寂寞的恐惧又回来了。你可能有野心想成功，你可能能力过人，你可能很有知识，你可能参加礼拜，并在冗长的仪式中忘却自己，但做了你想做的，寂寞的痛楚仍在。你可能只为你的儿子、为了大师、为表现你的才能而存在着，但是寂寞就像黑夜一样掩住了你。你可能去爱或恨人，根据你的气质和心理需求来逃脱，但是寂寞还在那里，伺机等待，退缩是为了再次接近。

　　寂寞是意识到完全的孤立，难道不是我们自我封闭的行动吗？虽然我们的思想和情绪是广大的，他们难道不是独特和分裂的吗？我们不是在我们的关系、权利和拥有中寻求掌控的优势，而产生抵抗的吗？我们没有把工作当成"你的"或"我的"吗？我们不是与群体、国家或少数人认同吗？所有的趋势不是去分离、分化我们自己吗？不管在什么层次，自我的真正活动是孤立，而寂寞是意识到没有活动的自我。活动，不管是身体或心理上的，变成自我膨胀的方法；而当没有任何活动的时候，自我就会有空虚的感觉。就是这种空虚要寻求满足，无论是高贵或下流的层面，我们用生命去填满它。从高贵的层次来看，满足空虚似乎没有社会方面的伤害，但是幻想生出了无法言喻的悲伤和毁灭，这也许不是即刻出现的。渴望去满足这种空虚——与逃避它，是相同的事——它不能被升华或压抑,而谁是压抑或升华的实体呢?这实体难道不是渴望的另外一个形式吗?渴望的目标可能改变,但所有的渴望不都是相似的吗?你可以改变你渴望的目标,从饮酒到观念,但是不了解渴望的过程,幻想就避免不了。

从渴望中无法把实体分离出来,只有渴望,没有渴望的人。渴望依照它的兴趣在不同的时候换上不同的面具。这种多样兴趣的记忆遇到新的事物,会起冲突,于是选择者出现了,塑造自己是一个与渴望分离和不同的实体。但这实体和它的品质没有不同。这实体试着想满足或逃避空虚、不完整、寂寞,和他想避开的没有不同,他就是它。他不能够逃避自己,他所能做的就是了解自己。他是他的寂寞、他的空虚,而只要他将它视为从他自己分离出来的东西,他就会沉浸在幻影和无休止的冲突中。当他直接经验到他就是自己的寂寞时,才会有免于恐惧的自由。恐惧只存在于和观念有牵连的关系中,而且观念是记忆的反应。思想是经验的结果,虽然它能够思考空虚,去感觉它,它仍然无法直接了解空虚。"寂寞"这个词,伴随着痛苦和恐惧的记忆,避免人重新去经验它。文字是记忆,而当文字不再重要时,经验者和被经验者之间的关系是完全不同的。这种关系是直接的,不是通过文字、记忆的。然而经验者就是经验,如此就有免于恐惧之自由。

爱和空虚不能相容,当你感觉寂寞的时候,就没有爱。你可以将空虚藏在"爱"这个字底下,但是当你爱的对象不在那里或没有反应的时候,你就会知道空虚是什么,你也会有受到挫折的感觉。我们用"爱"这个字当作逃离自我、逃离自己的贫乏的方法。我们依赖所爱的人,我们会嫉妒,当他不在或死去了,我们会思念他;然后我们找寻其他形式的安慰，某些信仰，某些替代品。这些是爱吗？爱不是观念、不是联想的结果；爱不是作为逃避不幸的东西，当我们用它的时候，我们造成无法解决的问题。爱不是抽象的，只有当观念、心灵不再重要时，才可经验到它。

寂寞·"生存至上系列"摘录

第十一章
关于"爱"的交锋

所有的宗教以及虔诚的人,总是把爱和奉献依附于一个特定的对象、信念或象征,它不是没有任何阻碍的爱。先生,这就是重点。当有自我在其中时,爱能存在吗?当然不能。

莫里斯·威金斯[①]：对我而言，思考似乎是有创造力的关系的一部分，但它只是这整件事里的一部分。

克：是的，但是思考是爱吗？

莫：不，它不是，但是我确实有一点怀疑，思考是否无法进入爱之中？我的意思是，它必定会进到一些可能范围之内。

克：不，我怀疑爱是不是思考。

莫：不是，当然不是。

克：所以，有可能不思考地去爱别人吗？去爱某人表示没有思考，那是会带来全然不同的关系，不同的举动。

莫：是的，我认为在爱的关系中可以有很多的思考，但是思考不是主要的。

克：不是，当有爱的时候，可以运用思考，但不是反过来。

莫：不是反过来，是的。这基本的问题是它倾向于反过来的状况。我们像电脑一般，由我们的程式驱动。我试着转换你所说的思考结束了关系，而且奇怪，什么样的关系是不用思考的。

克：只要看看没有思考会发生什么结果。我与我的兄弟、妻子有关系，

[①] 莫里斯·威金斯，伦敦大学教授，诺贝尔生物学奖得主。下文简称为"莫"。——中文版编者注

这关系不是建立在思考上，而是基本、深刻地建立在爱之上。在爱之中、在那奇妙的感情中，我为什么要思考呢？爱是包容的，但是当思考进驻时，它就有分别心了，破坏了爱的品质和它的美。

莫：但爱是包罗万象的吗？它难道不是泽被一切而胜于理解吗？爱不能没有思考而能充足地表达它自己？

克：整体来说是包罗万象的。我的意思是，爱不是恨的反面。

莫：对。

克：所以它本身没有二元性的情感。

莫：我以为爱更多是关系的特质与存在渗透过去的特质。

克：是的。一旦思考出现，我就会记得她所做的，或我做的，所有的麻烦、焦虑就产生了。我们的困难之一就是，我们真的还不了解或感受到没有占有、依附、嫉妒和憎恨的爱。

莫：爱不是一体的意识吗？

克：你是说爱没有意识，那就是爱。爱没有意识到我们是一体的。它像香水。你不能解剖香水，或分析香水。它是很棒的香水，你分析它的时候，它就消散了。

莫：是的，如果你说它是香水，那么它就像是某种符质。但特质与这种一体的感觉是有关的，不是吗？

克：但是你在赋予它意义。

莫：我在谈论它！我并不想限死它。但是否可能有没有意识到一体的爱呢？

克：爱比那更胜一筹。

莫：好吧，爱比那更胜一筹。但是如果没有一体的感觉，它能存在吗？

克：等一下。我可以是一个天主教徒，而又说我有爱、我有怜悯心吗？当人有根深蒂固的信仰、信念、偏见时，会有怜悯和爱吗？爱必须和自由同在。不是去做我喜欢什么的自由——那是胡说八道，选择的自由等在我们所谈的当中是没价值的——但在爱中一定有完全的自由。

莫：是的，但是天主教徒可能拥有很多爱，但在某些情况下是有限度的。

克：是的，当然。

莫：但是那就像是问：你的蛋可能只有部分坏掉吗！这种一体感是整个爱的一部分，不是吗？

克：如果我们有爱，就是一体的。

莫：是的，必然的。我同意你，有一体的感觉，并不一定是有爱。

克：你看，所有的宗教以及虔诚的人，总是把爱和奉献依附于一个特定的对象、信念或象征，它不是没有任何阻碍的爱。先生，这就是重点。当有自我在其中时，爱能存在吗？当然不能。

莫：但是如果你说自我是受束缚的印象，那么爱无法与任何受束缚的事物共存，因为它是没有限度的。

克：没错，先生。

莫：但是对我来说，似乎在对话的关系中，和两个没有界限感的心灵互动——也就是外在的时间，因为时间会设限——然后新的东西会出现。

克：啊，但是两个心灵会相遇吗？它们像两条平行从不交会的铁轨吗？在我们与他人的关系中，妻子和丈夫等，总是平行，个人追寻自己的轨迹，从未真正的交会，因此谈不上对他人有真爱，或甚至是没有对象的爱？

莫：在实际情况下，总有某种程度的分离。

克：是的，这就是我所说的。

莫：如果关系可以在不同的层次上，那么在空间上就不再有分离的轨迹。

克：当然，但是到达那层次似乎是不可能的。我依赖我的妻子，我告诉她"我爱她"，而她也依赖我。这是爱吗？我占有她，她占有我，或她喜欢被占有等，所有这一切复杂的关系。但是我对她说，或她对我说"我爱你"，而这似乎就满足了我们。我问这是否就是爱。

莫：嗯，它让人们一时觉得舒服一点。

克：而舒服是爱吗？

莫：它是受限制的，而且当老伴死的时候，另一个就会很痛苦。

克：是的，他会寂寞、他会流泪、他会受苦。我们真应该讨论这件事。我以前认识一个男的，他将金钱奉为上帝。他有许多钱，当他快死的时候，他想看看自己拥有的一切。而那些财产就是他，从外表看来，对那些财产而言他要死了，但是那些身外之物就是他自己。他吓死了，并不是因为生命快结束了，而是因会失去那些财产。你懂吗？失去那些东西，而不是失去自己，发现新的事物。

莫：我能够问一个有关死亡的问题吗？例如一个人快死了，在他死之前，他想看看所有他认识的人，他所有的朋友。这是对关系的依赖吗？

克：是的，这就是依赖。他快死了，而死亡是寂寞的，这是个最特别的聚会、最特别的活动。在那个时候，我想见我的妻子、孩子、孙子，因为我知道我要失去他们了，我会死去，结束一切。那是很恐怖的事。

有一天，我看见一个快死的人。先生，我从没见过这样的恐惧，恐惧而亡。他说："我害怕与我的家人、我的钱财以及我所做过的事情分离。这是我的家。我爱他们，我怕失去他们。"

莫：但是我想这个人是想看到他所有的朋友和家人。

克："老兄，再见，我们会在另一边相遇！"这又是另一回事。

莫：可能。

克：我认识一个人，他告诉他的家人："明年一月，我会在某天死去。"而在那天，他邀请所有的朋友和他的家人。他说："我会在今天死去。"并立下遗嘱，然后说："请离开吧。"他们全部都离开，然后他就死了！

莫：是的，如果和这些人的关系对他很重要，而他就要死了，他会想要最后一次看看他们，而且现在结束了。"我完了，我要死了。"那不是依赖。

克：不，当然不是。依赖的结果是痛苦、焦虑的，有痛苦和失去的感觉。

莫：经常感到不安全、恐惧。

克：不安全等会随之而来。而我称这为爱。我说我爱我的妻子，但是在我内心深处，我知道这个依赖所有的痛苦，但是我放不下。

莫：但是你还是会苦恼，在你死的时候，你的妻子会很伤心。

克：哦！是的，这就是游戏的一部分，整件事的一部分。她很快就可以克服，并且再婚，继续这场游戏。

莫：是的，希望如此，但是有人会担心或害怕别人的悲伤。

克：没错，先生。

莫：或许接受自己的死亡会减少他们的悲伤。

克：不，悲伤是否依附在恐惧之上？我害怕死亡，我害怕结束我的事业，在身体和心理方面，我所累积的都会结束。恐惧发明了轮回之说和那些，等等。我能真正地免于对死亡的恐惧吗？也就是说，我能与死亡共存吗？不是自杀，我和它共存，和恐惧事情将有终结共存，和我的依赖结束共存。如果我说："我已经不再依赖你。"我的妻子是否能接受这种说辞？这会带来很大的痛苦。我质疑这种经由思想所带给意识的所有内容。思想支配了我们的生活，而我自问是否思想有它自己的地方，而且只是这个地方，不干涉到别处。我为什么应该思考我和朋友、妻子、女儿的关系？为什么我应该思考呢？当某人说"我正想到你"，听起来有点愚蠢。

莫：那么，当然，人常常需要为了实际的理由去想到别人。

克：那不同。但我是说，在有爱的地方，为什么要有思想呢？在关系中的思想是有破坏性的。那是依赖，那是占有，彼此依附，寻求慰藉、安全和保障，而这一切都不是爱。

莫：不是的，但是如你所说，爱能运用思想的时候，就产生了你所说在关系里的思考。

克：是的，那不同，如果我依赖我的妻子，或我的丈夫，或一件家具，我爱上这种依赖，其结果会带来无法估计的伤害。我能没有依赖地爱我的妻子吗？能够爱人而无所求，是多么棒啊！

莫：这是极大的自由。

克：是的，先生。所以爱是自由。

莫：但是，你暗示说如果夫妻之间有爱，而其中一人死去后，另一人将不会觉得悲伤。我想也许那是对的。

克：我是这么认为。是的，先生。

莫：你会超越悲伤。

克：悲伤是思想，悲伤是情绪，悲伤是震惊，悲伤是失落感，感觉失去某人，突然发现自己是全然的寂寞和孤单。

莫：是的，所以，你认为寂寞的状态是违反自然的。

克：所以，如果我能够了解结束的本质——总是在结束某事，结束我的野心、结束悲伤、结束恐惧、结束欲望的复杂。结束它，就是死亡。我们需要每天去结束在心理上累积的各种事。

莫：而所有人都同意，死亡是自由。

克：那是真的自由。

莫：要欣赏它并不困难。你的意思是，你要将那种极度的自由转化进入们的生活里。

克：是的，先生。否则我们就是奴隶，选择的奴隶，每一件事的奴隶。

莫：不是时间的主人，而是时间的奴隶。

克：是的，时间的奴隶。

与莫里斯·威金斯教授的讨论

第十二章

爱与寂寞

你能否全然没有野心、不把自己与别人比较地活在这个世界？因为在你比较的时候，就会有冲突、有羡慕、有成功的欲望，想超越别人。

我们每天必须实际观察我们的人际关系里现在真实的样子，在观察中，我们会发现如何在真实情况中带来改变。所以，我们只是描述实际的事情。每一个人都住在他自己的世界中，在他的野心、贪婪和恐惧、冀求成功的世界里。如果我结婚，我有责任、有孩子，我会去工作。丈夫和妻子，儿子和女儿，在床上见面。而那就是我们所谓的爱——导致各自的生活是彼此孤立的、在我们周围筑起一道抵抗的墙、追求以自我为中心的活动。每个人都在寻求心理上的安全，每个人都为了慰藉、快乐、友谊而依赖别人。因为每个人都是寂寞的，都需要爱、需要珍惜，每个人都想去支配别人。如果你观察自己，就会发现这个现象。其中有任何的关系吗？他们之间是没有关系的，虽然他们可能有孩子、房子，而实际上，他们是没有关联的。如果他们有计划，那么是计划维系住他们，让他们在一起，但那不是关系。

明白这些以后，有人会发现，如果在两个人之间没有关系，腐化就会开始，不是社会外在的结构，也不是外在的污染现象，而是内在的污染、毁坏。实际上人类彼此是没有关系的——就像你没有一样。你可以握着别人的手，彼此亲吻，睡在一起，但是实际上，当你们彼此很近地观察时，有关系吗？有关系表示不必依赖彼此，不必靠别人逃避你的寂寞，不必通过别人去寻求安慰、友谊。当你通过别人寻求安慰的时候，就是依赖，这可有任何关系吗?你不是在彼此利用吗?

我们不是愤世嫉俗,而是在观察事实,这不是犬儒思想。去找出与别人有关系的意义究竟是什么,人必须了解寂寞的问题,因为我们大部分的人都很寂寞。我们愈年长,就愈寂寞,尤其在这个国家。你注意到人老了是什么样子吗?你注意他们的逃避,他们的娱乐了吗?他们已经工作了一生,而他们想要逃入某种娱乐之中。

看到这个现象,我们可以找出一个在心理上、情绪上不利用别人、不依赖别人、不利用别人来逃避我们的苦难、绝望和寂寞的生活方式吗?

要了解这点,就是要了解寂寞的意义。你曾经寂寞吗?你知道它的意义吗?就是你与别人没有关系,完全孤立的。你可能和你的家人在一起、在群众中、在办公室里,或无论在哪里,而这种全然寂寞的绝望突然袭来。除非你完全解除它,否则你的关系就会变成逃避的方法,因此就会导致腐化、痛苦。一个人要如何才能了解这种寂寞、这种完全孤独的感觉?要了解它,就必须审视自己的生活。你的每个举动是不是以自我为中心?你可能偶尔发点慈悲、慷慨,没有任何动机地去做一件事——那种情形很罕见。这种绝望无法经由逃避而化解,只能经由观察。

所以,我们回到这个问题上:如何观察自己而不致有冲突。因为冲突是腐化,是浪费精力,是我们生活的战争,从出生直到我们死去为止都有。我们有可能片刻没有冲突吗?要做到这点,为我们自己去寻找答案,我们必须学习如何观察我们所有的作为。当观察者不存在而只有观察的时候,就会产生真正的观察。

当没有关系的时候,能有爱吗?我们讨论它,而爱,如我们所知,是与性和快乐有关,不是吗?你们中间有人说:"不是。"当你们说不的时候,你们一定没有野心,也就没有竞争,没有分别——如"你"和"我"、"我们"和"他们"。没有国籍的分别,以及由信仰、知识所带来的划分。然后你才能说你有爱。但对大多数的人来说,爱和性、快乐和所有的痛苦有关——嫉妒、羡慕、对立——你知道男人和女人之间所发生的事。当关系不能真诚、真实、深刻和全然和谐的时候,你怎么能在世界上拥有和平?如何能终结战争?

所以,关系是生命中最重要的事情之一。这表示人必须了解爱是什么。当然,人奇妙地碰上它,不是自己要求来的。当你为自己找出爱不是什么的时候,你就会知道爱是什么。不是理论上的,不是口头上的,但是当你确实明白它不是什么的时候:不要有竞争、不要有野心,也就是没有斗争、比较、模仿的思想,因为如此的心灵,不可能去爱。

所以,你能否全然没有野心、不把自己与别人比较地活在这个世界?因为在你比较的时候,就会有冲突、有羡慕、有成功的欲望,想超越别人。

心灵会记住这种伤害、侮辱,让自己变得感觉迟钝——这样的思想和心灵知道爱是什么吗?爱是快乐吗?而那是我们有意无意在追寻的。我们的神明是我们快乐的结果。我们的信仰,我们的社会结构、社会道德——本质上是不道德的——是我们追求快乐的结果。而当你说"我爱某人",那是爱吗?爱是没有分离、没有支配、没有以自我为中心的活动。为了要了解它是什么,人必须否定一切——当你看到它的错误时去否定它。当你看到某些错误时——你曾经当成真理、当成自然、当成人——然后你再也无法回去;当你看到危险的蛇或危险动物时,你不会逗弄它,你也不会靠近它。同样的,当你实际看到爱都不是这些东西时,去感觉它、观察它、咀嚼它、与它共存,完全地交托给它,然后你会知道爱是什么、

爱与寂寞 | **93**

怜悯是什么——它是指对每个人的真情。

我们没有真情，我们只有肉欲、只有快乐。真情这个字的原意就是悲伤。我们都有过某种悲伤的，失去某个人，自怜的悲伤，为人类的悲伤，群体或个人的。我们知道悲伤是什么——当你所爱的人死去时。当我们完全沉浸在这种悲伤里，没有试着去把它合理化，也没有试着以任何的形式来逃避——经由文字或行动——当你完全沉浸在其中、没有任何思考时，然后你会发现从悲伤中产生了真情。真情有爱的本质，而爱是没有悲伤的。

※

今天，你能找出现在是如何生活吗？在生活中你每一件开始做的事情都有一个结局。当然不在你的办公室，而是在心中，要终止你累积的所有知识——你的经验、你的记忆、你的伤害、比较的生活方式——你总是拿自己与别人相比。每天都了结那些事，而第二天你的心灵就会新鲜和年轻的。这样的心灵不会受到伤害，而这就是天真。

人必须为自己找出死亡的意义，然后就止住恐惧，因此每天都是新的一天——我是认真的，你可以做到——所以，你的心灵和眼睛看到的生活是全新的。那就是永恒。这就是心灵的本质，成为没有时间的状态，因为它已经知道，终结每天所累积的是什么意思了。的确，在其中有爱。爱是每天都是全新的，但快乐不是，快乐有连续性。爱总是新的，因此它是它自己的永恒。

你们有任何问题要问吗？

问：你似乎相信分享，但同时你又说两个相爱的人，或夫妻，不能也不应该将他们的爱建立在相互慰藉之上。我不觉得相互慰藉有什么不对，这就是分享。

克：你分享什么？我们现在在分享什么？我们在讨论死亡，讨论爱，讨论完整的心理变化，讨论完全革命的需要，不要根据旧有的形式、挣扎、痛苦、模仿、顺从而活，以及人们数千年以来所赖以为生，进而产生如此可怕、乱七八糟的世界的原则！我们讨论到死亡。要如何分享它呢？分享对它的了解，不是口头上的言辞，不是描述、不是解释？分享了解、分享因了解而来的事实是什么意思？而了解又是什么意思？你告诉我一些事情是严肃的、是重要的、是有关的、重要的，我完全听进去了，因为它对我是重要的。注意听着，我的心灵必须安静下来，不是吗？如果我正在喋喋不休，如果我正在东张西望，如果我正在比较你所说的和我知道的，我的心灵就不安静。只有当我的心灵是安静的，而且完全注意听的时候，才可以了解事情的真理。我们一起分享那一点，否则我们不能分享。我们不能分享文字，我们只能分享某些事的真理。当心灵完全在观察的时候，你和我就能看到某些事情的真相。

你看到夕阳的美，可爱的山丘、树影和月光。你如何与朋友分享？告诉他"看看那美丽的山丘"吗？你可以这么说，但那是分享吗？当你确实与别人分享某事的时候，表示你们俩必须有相同的强度，同时，在相同的层次上，否则你们不能分享，不是吗？你们必须有相同的兴趣，在相同的层次上，有相同的热情，否则你如何能分享？你能分享面包，但那不是我们所讨论的。

一起看到，也就是一起分享，我们两个都必须看到——不是同不同意——而是一起看到实际上是什么，不是依照我的或你的认知来解释它，而是一起看看它是什么。而要想一起看到，人们必须自由地来观察、倾听。就是没有偏见，只有爱的本质，才会有分享。

问：先生，当你谈到关系的时候，总是说男人女人或女孩男孩、在男人和男人，或女人和女人之间的关系，是否也通用呢？

克：你是指同性恋吗？

问：先生，如果你要这样叫它，它是的。

克：你看，当我们谈论爱的时候，不管是男人和男人，女人和女人，或男人和女人，我们不在谈论特定种类的关系，我们在谈论所有的行为，关系的所有意义，不是与一两个人的关系。当你觉得你就是世界的时候，难道你不知道与世界有关是什么意思吗？不是一个观念——那是很恐怖的——而是实际去感受你是有责任的，你要为这个责任献身。这就是唯一的献身。不是经由炸弹或特定的活动来献身，而是去感觉你就是世界，世界就是你。除非你完全改变，根本而完全地改变你自己，不然的话，只在外在下功夫，人类就不会有和平。如果你有刻骨铭心的感觉，那么你的问题就完全和当下有关，然后立刻引起改变，而不是陷在一些未来的理想之中。

纽约·《智慧的苏醒》摘录

第十三章

有依赖,就没有爱

你爱任何人吗?那表示不求回报,不求你爱的人回报,绝不依赖他。因为如果你依赖,那么恐惧、嫉妒、焦虑、憎恨、愤怒就开始了。如果你依赖某人,这是爱吗?

克：以你所有的经验、所有的知识，和你身在其中的文明，你是它的结果，为什么你在日常生活中却没有怜悯呢？去找出你为什么没有的原因，为什么它不在人的心灵、思想和见解中？你不是也会问：你有爱任何一个人吗？

问：我怀疑，先生，爱究竟是什么。

克：先生，我很审慎地请问你是否爱任何人？你可能爱你的狗，但狗是你的奴隶。除了对动物、建筑物、书、诗、大地的爱之外，你爱任何人吗？那表示不求回报，不求你爱的人回报，绝不依赖他。因为如果你依赖，那么恐惧、嫉妒、焦虑、憎恨、愤怒就开始了。如果你依赖某人，这是爱吗？去找出答案吧！如果那些都不是爱——我只是在问，我不是说它是或不是——你如何能有怜悯？当我们甚至不能以平常的爱去爱别人时，我们要求的就是比爱更多的东西。

问：你如何找到那样的爱？

克：我不想寻找那样的爱。我想要做的就是剔除不是爱的那一部分，从嫉妒、依赖中解脱出来。

问：那表示我们应该没有分裂成片片段段。

克：先生，那只是理论。如果你爱某人，就去找出来。当你关心你自己、你的问题、你的野心、你成功的欲望、你这么多的欲望，并将自己放在第一而别人第二时，如何去爱呢？或把别人放在首位而你放在次要的地位，也是一样。

我们已经问了这么多的问题。我们尽管口头上了解，有嫉妒或依赖时，爱不能同时存在，我们还能坐在一起探讨我是否可摆脱依赖？我会和自己有一些对话，可以吗？而你在旁边听？

听到这些话我明白我不会爱。那是事实。我不想欺骗我自己。我不想假装我爱我的妻子——或爱女人、女孩、男孩。现在，首先，我不知道爱是什么，但是我确实知道我嫉妒，我确实知道我很依赖别人，而在依赖中有恐惧、嫉妒、焦虑感。我不喜欢依赖，但是我依赖是因为我寂寞，而我也被社会排挤，在办公室、工厂里也一样；回家之后，我希望得到安慰、陪伴、逃避自我。所以，我依赖别人。现在，我自问在不知道爱是什么的情况下如何摆脱依赖？我不会假装我有上帝的爱、耶稣的爱、克里希那的爱，我会丢掉那些胡说八道的东西。我要如何摆脱这些依赖？我只是在举例。

我不会逃避它。对吗？我不知道该如何结束我和我妻子之间的关系，当我真的和她貌合神离的时候，我和她的关系可能会改变。她可能会依赖我，而我也许不会依赖她或其他的女人。你了解吗？并不是我想要离开她，去找另外一个女人，那是很愚蠢的。所以，我该怎么办呢？我将不会逃避完全摆脱依赖的结果。我要研究一下。我不知道爱是什么，但是我看得非常清楚、明确，没有任何的怀疑——依赖别人意味着恐惧、焦虑、嫉妒、占有，等等。所以，我自问：我该如何摆脱依赖？不是方法。我想要摆脱它，但是我真的不知道该如何做。我正在与我自己对谈。

所以我开始提出质疑。然后我陷入一个体制里。我陷入一些印度教的上师,他们说:"我会帮助你脱离,做这个和那个,练习这个和那个。"我想要摆脱它,于是我接受那个愚蠢的人所说的,因为我看到摆脱它的重要,而且他允诺我,如果我做了这些,就会有所回报。所以我想要摆脱以得回报。你了解吗?我在寻求回报。所以我看到自己是多么愚蠢:我想要摆脱它,却又缠上回报。

我描绘出人性的另一面——我是认真的——因此如果我与自己对话,我会流泪。那是对我的同情。

我不想被纠缠,但是我发现自己依附在一个信念上。也就是,我必须摆脱,而别的书或信念提到:"做这个,然后你会有那个。"所以,回报变成我的依赖。然后我说:"看我所做的。小心,不要掉进圈套。不管是个女人或信念,它仍然是个依赖。"我了解将它转换成别的东西仍是一种依赖。所以我现在非常小心。然后告诉自己:"有没有方法,或我做什么来免于依赖呢?我的动机是什么?我为什么要免于依赖呢?因为它是痛苦的?因为我想要达到没有依赖、没有恐惧的境界吗?"请跟随我,因为我正代表了你。在想要自由的当中,我的动机是什么?我突然明白动机会给方向,而那方向会指引我的自由。我为什么要有动机?什么是动机?动机是一种动作,希望去完成某事。所以,这个动机就是我的依赖。动机已经变成我的依赖,不只是女人、目标的信念,而且包括我的动机,我必须要有它。所以我在依赖的范围内活着。我依赖女人、未来和这个动机。所以我说:"哦,天哪!那真是极端复杂的事。我不明白要摆脱依赖会带来这一切。"

现在,我就像看地图一样清楚地看到:这些村庄、小路、大路。然后我对自己说:"有可能让我从我依附的动机、依赖的女人和我想得到

有依赖,就没有爱 | **101**

的回报中解脱出来吗？我为什么依赖这一切？是因为我自身的不足吗？是因为我太寂寞了，想从这种孤独感中逃脱出来，因而依附在别的事情上——男人、女人、信念、动机？是因为我寂寞，而借着对其他事物的依赖而逃避孤独吗？"

所以，我不再有兴趣去依赖。我有兴趣去了解为什么我觉得寂寞，这让我依赖。我会寂寞，而寂寞迫使我经由依附某事而逃避它。只要我寂寞，接下来的过程就是这样。所以我必须研究我为什么会寂寞。寂寞意味着什么？它是如何发生的？寂寞是直觉的、天生的和遗传的，还是我每天的活动造成的？

我质疑是因为我什么也不接受。我不接受它是本能的说法，而认为我无能为力。我不接受它是遗传的说法，这种说法让我不必受到责备。当我不接受任何这类的事情时，我问："寂寞为什么存在？"我提出质疑并保留这问题，而不试着去找答案。我问自己：寂寞的根源是什么？我在注意，并不试着去找个聪明的答案，我也不试着告诉寂寞它该做什么，或者它是什么。我正看着它，让它来告诉我。

对寂寞的警醒会显出它本身。如果我逃走、害怕、抗拒，它就不会显出它本身。所以我看着它。我看着它，没有思想来干涉，因为这比思想进来更重要。我所有的能量都在观察寂寞，因此思想根本进不来。心灵受到挑战，它必须回答。当你受到挑战的时候，那就是危机。在危机中，你保有一切的能力，而能力不被干扰，就得以保存下来。这是必须要回应的挑战。

问：我们如何能保留能量？我们要如何使用能量？

克：你已经有了。你迷糊了。

你看，我开始与我自己对话。我问："那个被称作爱的奇怪东西是什么？"每个人都在讨论它、写它，有浪漫的诗、图画和其他的、性和那些乱七八糟的。而我问：我有没有这种称为爱的东西，如果真有爱这种东西。我发现当有嫉妒、憎恨、恐惧的时候，爱就不存在。所以，我不再关心爱了，我关心"实然"，也就是我的恐惧、依赖，以及我为什么依赖的原因。我说也许理由之一是：我是寂寞的，完全孤立的。我愈年长，我就愈孤独。所以我看着它。找出答案是挑战，而因为它是挑战，所有的能量在反应。很简单的，不是吗？当家庭里有人死去的时候，就是一种挑战。如果发生一些大灾难、意外事件，那也是挑战，而你有精神去面对它。你不会说："你从哪里得到这些能量的？"当你的房子着火的时候，你有能量去救火。你有特别的能量。你不会坐着说："我必须先有能量。"然后等待。那么这房子就被烧光了。

所以，你有不少的能量可以回答"为什么会有寂寞"的问题。我已经拒绝了遗传或本能的观念、假设或理论的说辞。这一切对我都没有意义。它是"实然"。所以我为什么寂寞——不仅是我，每个人都会寂寞，如果他有知觉的话——不论是表面或很深沉的寂寞？为什么会有？是心灵带来的吗？你了解吗？已经拒绝理论、本能、遗传的我在问是不是心灵带来的。

是心灵造成的吗？寂寞表示全然的孤独。是心灵、头脑造成的吗？心灵是思想的一部分。是思想做的吗？是思想在日常生活中制造，引发这种孤独感的吗？我在孤立我自己，是因为我想要成为办公室的主管——或主教、教宗？它一直在孤立它自己。你注意到这个了吗？

问：我认为它孤立自己和它拥挤的程度有关。

克：是的。

问：就像是一种反应。

克：对的，先生，对的。我想要探索这一点。我看到思想、心灵，总是在使自己更出色、更伟大，将它自己引向孤独。

问题就是：为什么思想要这么做？思想的本质是为自己工作、制造孤独吗？是社会制造了孤独吗？是教育制造了孤独吗？教育确实会是导致孤独；它为我们准备好去从事某种专业。我已经发现，思想是过去的反应，是知识、经验和记忆，所以我知道思想是有限制的，思想是被时间所限。所以思想会这样做。所以，我所关心的是，为什么思想会这么做。那是它的本质在这么做吗？

※

问：真正在内心深处的，总被隐藏着，因此思想一定是迷惑人心、一定会导致孤独的，没有人知道别人的感觉，因为人都会掩饰。

克：先生，我们都有经验。当我们不假装的时候，就抓到重点了。

我们在对话中说，我们不知道爱是什么。我知道当我们用"爱"这个字的时候，就有伪装，有了虚伪，戴上了假面具。我们都有经验。我们现在已经接近重点，为什么思想会是片段破碎的，会引起孤独的——如果它是的话。我在和自己的对谈中发现这点，因为我已经看到思想是受限制的，有时间的限制，无论它做什么都受限制，而在限制之内，可以找到安全。它找到安全，就会说："在我一生中有特别的事业。"它找到安全，就会说："我是教授，所以我是很安全的。"而你的下半生都会陷在其中。在那种限制中，心理和事实上，都有很大的安全。

所以思想做的就是这个。然后问题是：思想可以明白自己是受限制的，而因此无论它做什么都是受限制的、破碎的、与人隔绝的吗？无论它做什么都是这样子？这是很重要的一点：思想能明白它自己的限制，或思想对它自己说："我是受限制的？"你了解这个差异吗？思想就是我，我说思想是受限制的，或思想它本身明白我是受限制的吗？这两件事完全不同。说它们是一样的就欺骗，因此会有冲突，虽然思想本身说："我受限制。"事实上，它不会离开限制了。这是非常重要的，因为它是事情的真正本质。我们在强迫思想它应该是什么。思想已经创造"我"，而"我"又从思想中分离出来，它又会告诉思想它应该是什么。但是如果思想本身明白它是受限制的，那么就没有阻碍、没有冲突，它说："我是那样。就是了。"

在我和自己的对话中，我问思想自身是否明白这点，或我是否正在告诉它，它是受限制的。如果我告诉它，它是受限制的，那么我便从那些限制中分离出来。然后我努力克服那些限制，因此就有了冲突，这是暴力，不是爱。所以，思想明白它本身是受限制的吗？我必须找出答案。我受到挑战的。我现在有能量，因为我受到了挑战。

换个角度说。意识明白它的内容吗？意识明白它的内容就是它本身吗？我听到有人说："意识就是它的内容，它的内容造成意识。"因此我说："是的，它是如此。"或意识——我的意识，这个意识——明白它的内容，而因此它的内容是我全部的意识吗？你看到两者的差异吗？一个是被我强迫的，"我"是由想法创造出来的，而如果"我"在思想上强加上某事，那么就有冲突。它像是暴虐的政府强迫着人民——但是我创造了这个政府。

我们在问：是否思想明白它的渺小、卑鄙和限制呢？或它假装成为不凡、高贵、神圣的东西吗？那是胡说八道，因为思想是记忆、经验。在我的对话中，一定很清楚的：没有外在的影响欺骗受限制的思想。因为，没有欺骗，没有冲突，因此它明白它是受限制的。它发现无论它做什么，即使对上帝的崇拜，都是受限制、伪造和琐碎的——虽然它已经在整个欧洲建立了宏伟的大教堂。

在我与自己的对话中，我发现寂寞是被思想创造出来的。而思想现在已明白它本身是受限制的，它不能够解决寂寞这个问题。当它不能够解决寂寞这个问题时，寂寞存在吗？思想已经造成寂寞的感觉。思想明白它是受限制的，而因为它是受限制、破碎和分离的，它已创造了空虚、寂寞。因此当它明白这点，寂寞就不在了。

然后，就可解脱依赖。我不做什么，只注意依赖和它的含义——贪婪、恐惧、寂寞——经由追踪、观察它——不是分析、检验它，只是注意看，看，看——就会发现：这一切都是思想做的。思想，因为是破碎的，所以造成依赖。当它明白这点的时候，依赖就停止。完全不需要努力，因为有努力时，它又回来了。

我们说，如果有爱，就没有依赖；如果有依赖，就没有爱。所以经由否定它不是什么，就可以去除主要的因素。你知道在你的日常生活中它的意义吗？没有任何有关我的妻子、我的女友，或我的邻居告诉我的记忆，没有任何伤害的记忆，没有对她的印象的依赖。我依赖思想为她创造的印象——她伤害我、她威胁我、她给我愉悦的性，十种不同的事情；所有都是思想的行为，它创造了印象，而就是这印象让我依赖。所以，依赖也就消失了。

还有其他的因素：对那个人的害怕、快乐、舒适或观念。现在，我必须逐步地、一个接一个地讨论这些，或是一起来？我必须研究恐惧与对舒适的渴望，和同我研究依赖一样？我必须观察我为什么寻求舒适吗？是因为我不足，所以我需要舒适，我需要舒服的椅子，令人舒服的女人或男人，或令人舒服的信念？我认为我们大部分人想要有舒服、安全、不会动摇的信念。我很依赖它，而且如果有人说它是胡说八道，我就会生气，我会嫉妒，我会难过，因为他要动摇我的房子。所以，我发现我不需要经历各种不同因素的研究。如果我看它一眼，我就已经抓住它了。

所以，经由否定爱不是什么，其余的就是了。我不需要问爱是什么。我不需要去追寻它。如果我去追寻它，它就不是爱，那是一种回报。在我的质疑之中，慢慢地、小心地，没有扭曲，没有幻象，我已经否定一切不是的，而其余的就是了。

布洛伍德公园·1977 年 8 月 30 日

第十四章

混乱的根源

有许多原因造成混乱：比较，把自己与别人比较，把自己与"应然"比较；模仿别人，例如一些圣人；顺从、配合某些其实是被你高估的事物。在"实然"和"应然"之间，总是有冲突的。

请注意，我们现在正要讨论某些可能较复杂的事。我不知道它要带我们去哪里。它可能比较复杂，所以请多注意点。

你知道，当你身边有个小孩的时候，你听到他的哭声，你听到他在说话，他的喃喃自语。你关心你听到的，你可能睡着了，但是他一哭的时候你就醒过来。因为孩子是你的，所以你总是小心谨慎，你必须照顾他，你必须爱他，你必须抱他。你是这样的小心谨慎，即使在你熟睡时，都和醒来时一样。现在，你能够以你给孩子同样的注意、亲爱和照顾注意镜中的自己？不是我，你不要只听我所说的，你应该以对婴儿的专注，来观察镜中的自己，以及它所告诉你的，你会这样做吗？

我们所讨论的问题是人类为什么会变得如此机械化。机械化的习惯会带来脱序，因为人的能量受到极大的限制，所以总是寻求突破。这就是冲突的本质。你了解镜中说的是什么吗？不是我，这里没有说话者。你能够带着关切、专注和极深的亲爱来观察吗？你听到的是什么？

我们正在谈的是混乱，我们生活在混乱的环境中，习惯、信仰、结论、意见都已脱序。由于我们所在的环境，处处受到限制，因此一定会引起混乱。当人混乱的时候，去寻求秩序是错的，因为困惑、不清明的心灵就算寻找到秩序时，仍会困惑，仍会不确定。那是很明显的。但是如果你审视混乱，如果你了解你生活中的混乱，和造成混乱行为的原因，

混乱的根源 | 111

在你了解它的时候，秩序自然就会来到——很容易地、很快乐地、没有任何强迫、没有任何控制。镜子会告诉你，你能立刻发现原因是什么——不是口头上、智力上或情感上——如果你是以给予小孩相同的注意来给予自己的话。也就是对混乱的顿悟。

混乱的根源是什么？有许多原因造成混乱：比较，把自己与别人比较，把自己与"应然"比较；模仿别人，例如一些圣人；顺从、配合某些其实是被你高估的事物。在"实然"和"应然"之间，总是有冲突的。比较是一种思想的行为：我是这个，或是我很快乐，和将来有一天我会更快乐些。在"已然"或"实然"和"应然"之间，这个经常的比较会带来冲突。这就是混乱的基本理由之一。

另外一个混乱的原因是过去的影响。现在，爱是时间、思想和记忆的结果吗？你了解镜中的你所问你的问题吗？难道我们所称的"爱"，在人类的关系里不是创造了混乱吗？观察你自己吧！

混乱的根源是什么？你能看到这种原因，而我们也可以再加上去，但那是不相关的。在检验它的根源时，不要分析。只是看。如果你只是看而不去分析，你就立刻会顿悟。如果你说："我会检验，我会推论。"或从外面经由归纳和推论来分析它，它仍是一种思想的行为。然而如果你能小心地，以深刻的注意力和情感来观察，那么你就会顿悟。去找出来吧。

我们混乱的根源是什么——内心的混乱，以致外在的混乱。你看到这个世界上的混乱有多么严重，令人苦恼的混乱；人与人之间互相残杀，异议分子被关进监狱、受刑。我们忍受这一切，因为我们的心灵接受这些事，或试着稍微改变。为了要看到混乱的根源，你必须研究这问题：

我们的意识是什么？当你在没有扭曲的镜中看着你自己时，你的意识是什么？可能是混乱的本质。我们必须一起研究我们的意识是什么。

我们的意识是活的、会动的东西，它是活跃的，而不是静止、封闭的。它经常改变，但是在小范围和限制之内变动着。它就像一个人在角落做个小改变，而未遍及全部。我们必须了解意识的本质和结构。如果那是我们混乱的根源，我们要把它找出来。它也可能不是。我们也要找出来。我们的意识是什么？它是思想生出的东西：形式、身体、名字、思想认同自己的感觉、信仰、痛苦、折磨、苦难、不舒服、沮丧和得意、嫉妒、焦虑、恐惧、快乐、我的国家和你的国家、信仰上帝与否、宣扬耶稣是最重要的、说克里希那是更重要的，等等，等等。这一切不是你的意识吗？你可以再增加更多：我是黄皮肤，希望再白一些，我是黑人，黑色是很美丽的，等等这些事。过去、遗传、神话、人类所有的传统，实际上是建立在此之上。所有这些就是意识的内容，而只要不觉察到意识的内容就去行动，这个行动必定受限制，因而创造混乱。思想必定造成混乱，除非它了解自己适当的地位。知识是受限制的，因此它有适当的地位，这是很清楚的。

思想源自昨天，或千百万个昨天，它是受限制的，而我们意识的内容也因此受限制了。

思想会以各种方式认为，意识是不受限制的，或有更高的意识，但仍是一种意识的形式。所以，思想不了解它适当的地位，就是混乱的根源了。这不是什么浪漫、暧昧、荒谬的事情；你可以看看自己，如果你合乎逻辑、头脑清楚，你就可以看到受限制的思想必定会造成混乱。若有人说"我是个犹太人"，或"我是个阿拉伯人"，这就是受限制的，因此会封闭他自己,产生抗拒的心理,因此,战争和所有的悲惨就开始了。你确实看到这种情形吗?不是信念,不是某人告诉你的,而是你自己看到的,就如同你亲耳听到婴儿的哭声一样?然后你就会采取行动,站起身,走过去。

我们机械化的生活方式,其中一部分就是来自这种受限制的意识。有可能不要膨胀意识,不要把它扩大,不要再增加更多的知识……更多的经验上去,或从这角落搬至另一个角落吗?有些学校借着练习、训练和控制要扩张意识。当你试着扩张意识的时候,有一个衡量的中心。当你试着扩展任何事时——把小房子扩建成大房子——从你扩大的地方就有一个中心。同样的,从扩张的地方形成中心,那就是衡量。看看你自己。你不是正试着扩展你的意识吗?你可能不用这个字眼。你可能说:"我正试着要更好。""我正试着要这样或那样,或去完成什么。"只要从你的行动形成了一个中心,就必定有混乱。

然后问题就发生了:有可能自然、快乐地去采取行动或运作而没有中心、没有意识的内容吗?我们正提出基本的问题。你可能会不习惯。我们大部分的人很马虎地面对问题,不关心它,或忽视它。但是我们在问一个你必须回答的问题,必须自己去寻求答案。在我们的日常生活中,有可能行动而没有中心吗?这个中心是混乱的根源。在你和别人的关系里,无论多么亲密,如果你总是关心自己、你的野心、你的个性、你的美貌、你的习惯,而另一个人也是这么做,自然会有冲突,那就是混乱。

有可能不要从中心采取行动?中心就是意识和它的内容,是思想所组成的所有东西,包括它的感觉、欲望、恐惧,等等。没有矛盾、懊悔、没有回报或惩罚的行动是怎么样的呢?因此就是完整的行动吗?我们正要找出答案是什么。不是我来找出答案告诉你，而是我们一起去找出来。记住：没有说话者，只有你自己在看着镜子。为了要了解它，我们必须了解爱是什么这个问题。因为如果我们能发现爱是什么，就可以完全解除中心的限制，引出完整的行动。所以，我们必须非常小心地去探讨它——如果你愿意听的话。你有你对爱的看法。你有你对爱的结论。你认为没有嫉妒，爱不能存在；只有当有性的时候，爱才会存在；只有当你爱你所有的邻居、爱动物的时候，爱才存在。你对爱是什么，已有自己的观念、信念和结论。如果你已有这些，那么你就不可能去研究。如果你已经认为"就是如此这般"，你就完了。它就像一个印度教的上师说："我知道，我已经顿悟了。"而你，这个容易受骗的人，却跟随着他，从不质疑。

在这里没有权威，没有说话者，但是我们在讨论的是一个非常严肃的问题，这可以解决自己和别人之间的冲突、经常有的战争。为了要找出解决的方法，我们必须非常深入地进入爱是什么这个问题之内。我们刚刚谈论人们所谓的爱：爱他们的动物、宠物、花园、房子、家具、女儿、儿子，他们的神、国家——这种事情称为爱，那是多么沉重啊！我们要找出它的意义究竟是什么。

婴儿在哭的时候，所以请多注意一点。你知道当婴儿哭的时候，你正全神贯注地在听。其中有倾听的艺术。"艺术"这个字的意思是指把每件事放在适当的地方。如果你了解这字的意义，真正的艺术不在油画，而是把你的生活放在适当的位置，就是要和谐地过活。当你将每件事都放在适当的位置的时候，你就自由了。把每件事放在适当的位置是一种智慧。你会说我们给予"智慧"这个字一个新的意义，这是必需的。智慧意味着在那些字里行间、在沉默之间、在演讲之间，以你的思想全神贯注地倾听。你不只用耳朵去倾听，没有耳朵你也听得到。

我们在问：爱的意义和爱的美是什么——如果有美的话？你曾经想过美是什么吗？美是什么意思？它和欲望有关联吗？别否认它，观照它，仔细地倾听而且找出答案。美是欲望的一部分吗？美是感觉的一部分吗？你看到宏伟的建筑，巴森农神殿，或者一座大教室，伟大的建筑物，你的感觉就被那种美给唤醒了。所以，美是这个的一部分吗？美蕴藏在颜色、形状、脸形、眼睛的清澈、皮肤、头发、男人或女人的表情中吗？或有另外的一种美可以超越所有的美，而当它成了生命的一部分时，那么这种形式、这种脸，每一件事都有它适当的位置？如果没有掌握，没有了解那种美，外在的表现就变得非常重要了。如果你感兴趣的话，我们会找出美是什么。

你知道当你仰望宏伟的山衬着蔚蓝的天空时，那生动、明亮、清澈、纯净的白雪，它的庄严把你所有的思想、忧虑和问题都驱走了。你注意到这一点了吗？你说："真美啊！"或许只有两秒钟，甚至一分钟，你完全沉默了。它的宏伟在那一刻驱走了我们的渺小。它的伟大已经震慑住我们。就像个孩子在专心玩一个很复杂的玩具一样。他不会说话、不会吵闹，他完全沉浸在里面。那个玩具抓住了他的注意。所以，山的庄严抓住了你的注意，所以在那一刻，或那一分钟，你完全安静下来了，那就表示你已经忘我了。现在，你没有分散注意力——被玩具、山脉、脸庞或念头打断——完全地忘我，这才是美的精义。

我们需要了解爱是什么。如果我们真的了解，我们的生活可能会有完全不同的面貌，我们可以活在没有冲突、没有控制、没有任何形式的挣扎之中。我们将要了解爱是什么。

除了积极的行动之外,还有一种行动是不行动。所谓积极的行动,就是针对一些事去采取行动、控制、压制、努力、驾驭、避开、解释、合理化和分析它。我们所说的不行动,与积极的行动无关,也不是和积极的行动相反,而是没有行动的观察。而这种观察引发了被观察者根本的转化,这就是不行动。我们习惯积极行动:"我必须""我一定不能""这是对的""这是错的""这是正确的""这是应该的""这一定不能""我会压抑它""我会控制"等。这些都是和"我"在挣扎,是脱序的根源,也是冲突的根源。如果你看到这一点,不是口头上、知识上,或视觉上的看,而是真正看到它的本质,那么这就是不行动,其中没有任何挣扎和努力。只是观察自身就会带来改变。

我们在问:爱是什么?我们说我们对它有许多意见,专家的意见,导师的意见,牧师的意见;你的妻子或女友说"这就是爱",或你说"那就是爱",或是你说它和性有关,等等。它是吗?它与那些感觉有关吗?从那些感觉产生出欲望。显然地,出于感觉的行为是欲望。我看到一件美丽的事物,感觉就被唤醒了,所以我就会想要它。为你自己观察它一下吧!我们说当有感觉——所有的感觉,不是某一种特定的感觉——在完全运作时,那么欲望就是不存在的。你把它排除在外了。

爱是有欲望的感觉的表现吗?从另一个角度来说,爱是欲望吗?这种性方面的感觉总是存在:回忆、图像、印象和感觉。所有的行为被视为爱。爱,一个人所能观察到的,是欲望的一部分。我们来慢慢深入探讨。爱是依赖吗?我依赖我的女儿和儿子。我占有。爱是依赖吗?我们的一生都基于依赖,依赖着财产,依赖着别人,依赖着信仰、教条、基督、

混乱的根源 | **117**

佛陀。那是爱吗？在依赖中有痛苦、恐惧、嫉妒、焦虑。在有依赖的地方，有爱吗？当你观察它，而且你深切地关心，要去找出爱是什么的时候，依赖就变得不重要，没有价值了，因为那不是爱。

它不是欲望。它不是记忆。它不是依赖。它不是我告诉你、而你就接受。它就是如此。爱是快乐吗？它并不表示你不能握住别人的手。你看，欲望是感觉的结果。感觉是依附在思想上，思想也依附在感觉上，然后从感觉中产生欲望，欲望需要被满足，而我们称之为爱。那是爱吗？依赖是爱吗？在依赖中生出冲突、不确定。不确定愈多，对寂寞的恐惧也愈多，你变得更依赖、占有、专横、独断、要求更多，而因此在关系中产生冲突。而这种冲突，你认为是爱的一部分。我们不禁要问：这是爱吗？

快乐是爱吗？快乐是回忆的活动。不用去记这些字句，听听就好了。我记得你是多么好、多么快乐、多么温柔、多么令人舒服、多么性感，而我说"亲爱的，我爱你"。这是爱吗？但是，我们要拒绝快乐吗？你必须问这些问题。你必须问，并且找出答案。看着流动的河水，没有给你快乐吗？这种快乐有什么问题？看着原野里孤单的树，没有带给你快乐吗？也许就在昨晚，看到月亮落下山头，没有给你快乐吗？很愉快，没有吗？究竟是怎么回事？但是当思想说："这是多美丽啊！我必须保存它，我必须记住，我必须热爱，我希望拥有更多这样的经验。"麻烦就开始了。然后，所有快乐的活动就出现了，而我们称那种快乐为爱。

母亲对待她的婴儿，充满了温柔的感情、拥抱的感觉。那是爱吗？或者爱是你遗传的一部分吗？你看过猴子搂住它们的婴儿，大象细心照顾小象吗？可能是我们遗传了对婴儿的这个本能反应——然后，"他是我的宝宝。他有我的血脉，他是我的骨肉，我爱他"。

而如果你确实很爱你的婴儿,你会让他得到良好的教育,让他从来不使用暴力,从不去杀人或被人杀害。你不是只关心他到五六岁,然后就把他丢去喂狼了。

所以,这些都是爱吗?积极的行动说:"不,我不会再有性生活了。""我会从依赖中解脱。""我会一直依赖着。"然而消极的行动是,从它的总体来看它,因此对它有所理解。然而你会发现,爱不是这其中的任何一种,但是因为有爱,所有的关系都会改变。

你知道那些禁欲者、印度的托钵僧,欧洲的修道士和世上的人都说:"不要有欲望,不要有性,不要看美丽的女人。如果你看了,把她当作你的姊妹或母亲。或者,如果你看了,把心思专注于神圣的事情。"然而他们欲火难耐!他们向外界否认,但是欲火中烧。而这就是他们所谓的虔诚,也就是没有爱的生活。他们有一个关于爱是什么的信念。但是那个信念不是爱。那个信念,那个文字不是爱。但是只有当你看到欲望、依赖、快乐的所有行动时,然后从那样的知觉深度,才会开出奇香的花朵。而那就是爱。

撒宁·1978 年 7 月 18 日

第十五章

爱与美

美存在于你的自我不存在的地方。如果你不了解,那真是个悲剧。真相就在你不在的地方。美与爱都在"你"不存在的地方。我们是无法看到这个被称为真相的东西的。

我们是什么？除了名字、形体之外，也许如果你很幸运，有银行账户，也许有一种技术，除此之外，我们是什么？我们不是在受苦吗？或者你的生活中没有痛苦吗？其中有恐惧吗？有焦虑、贪婪、羡慕吗？我们会崇拜思想创造的形象吗？由于害怕死亡，我们会依靠某些观念吗？我们难道没有矛盾吗？说是一种而做又是另外一种？我们全都是这样。我们的习惯，我们的愚蠢，心中永无止境的絮絮叨叨，那些都是我们的一部分。意识的内容生出意识，而意识已经由时间、经验、痛苦、悲伤而进化。一个人可以从那些，从所有的恐惧感中解脱出来吗？因为有恐惧，就没有爱。如果总是以自我为中心，敏感就不能存在，没有了敏感，就没有爱。而没有爱，就没有美。美只存在于美好事物的盛放中。

让我们看看美是什么——不是形式的美，虽然其实这也是很好的。一棵树的美、一片绿地的美、一座山的美——它的庄严衬着蔚蓝的天空、日落的美、一朵花开在人行道旁的美。我们不是要浪漫，或滥情。我们是一起在探索美是什么。在你的生活里，有美的感觉吗？或是它总是平淡、没有什么意义的，从早到晚都在挣扎呢？美是什么？它不是感官上的问题，也不是性方面的问题。它是非常严肃的问题，因为没有美在你心里，你就不能在善方面开花结果。你是否看过高山或大海，内心里没有絮叨，没有噪音，而能够真正地看着蔚蓝的海洋、海水的美和水面上光影的美。当你看到地球上如此的美,还有它的河流、湖泊和山川的时候,会发生什么事情?当你看着实际上是很美丽的事物时,比如,一座雕像、一首诗、池塘里的荷花,或维护良好的草坪时,会发生什么事?在那一刻,山的宏伟,会让你忘"我"。你有过这种经验吗?如果你有,你看到以后,你就不存在,只有那美景存在。但是几秒钟或几分钟之后,整个循环就又开始了,混乱、絮叨。所以,美存在于你的自我不存在的地方。如果你不了解,那真是个悲剧。真相就在你不在的地方。美与爱都在"你"不存在的地方。我们是无法看到这个被称为真相的东西的。

　　人类能结束痛苦吗?不是个人的痛苦,而是全人类的痛苦。想想看:在千百次战争中,男人和女人受到伤害。这世界上有悲哀,全球性的哀伤,而也有你自身的悲哀;它们不是两种不同的悲伤。请看这个。因为我的儿子死去,所以我可能会痛苦。我也知道我邻居的妻子死了。全世界都是一样的。几千年来都是如此,而我们仍然无法解决。我们可能逃避,我们可能举行仪式、典礼,我们可能发明各种理论,说它是我们的因果报应,它来自我们的过去,但是痛苦仍然存在着,不只你有,全人类都有。苦难会结束,或是人类的苦难必须从远古直到时间的终止吗?如果你接受这种说法——我希望你没有——你就会永无止境地受苦。你习惯它了,就像我们大部分的人一样。但是如果你不接受,情形会如何?你会花时间去结束你的苦难吗?

　　你是过去、现在和未来。你是时间的主人,而你可以缩短时间或延长。如果你是暴力的,而你说"我是非暴力的",那就是延长时间。在那段时间内,你是暴力的,而那种活动是没有止境的。如果你明白你是时间的主人,时间是在你手上,这是非常重要的事情,那表示你面对了暴力的事实。你不寻求非暴力，而是面对暴力的事实，在观察中没有时间的存在。因为在观察中，既没有观察者，也没有过去所有的累积，只有纯粹的观察。那是没有时间的。

你有这样做吗？当说话者正在谈论它的时候，你看到它的真相，因而去实行了吗？假如我有特别的习惯，身体上或是心理上的，习惯会立刻改变吗？还是我会花点时间去改变它呢？假如你抽烟，你能立刻改变那个习惯吗？身体对尼古丁的渴望和你对你是时间主人的认知不一样。你可以缩短时间，但这样的认知并不是不抽烟的决定。

你了解，只有当一个人的哀伤结束时，才会有热情。热情不是肉欲。肉欲是感官的、性的，它充满了欲望、影像、快乐的追求，等等。热情不是。你必须有热情去创造——不是去创造婴孩——才会带来不同的世界，不同的人类，改变你所生活的社会。没有强烈的热情，人会变得平凡、软弱、不清醒、不完整。

我的儿子死了，而我很痛苦，我流泪。我到世界各地的寺庙去烧香朝拜。我把所有的希望放在儿子身上，而他却走了。我希望他仍活着，我和他来生会再见，等等。我们总是这样安慰自己。伤痛是非常痛苦的。流泪、其他人的安慰，和我自己为要逃避痛苦所寻求的慰藉，并不能解决这种痛苦和深沉的寂寞感。所以我可以去观照着它，和它在一起，没有任何的逃避，而没有任何替我儿子的死作合理的解释吗？不去寻找轮回的说法或别的东西，我能全然、完整地与痛苦在一起吗？然后又会发生什么结果呢？

我希望你与说话者在一同进行。别只是听。没有人能告诉你该做什么。这不是益智游戏，这是我们的生活，每日的生活。你爱的人可能会离开，你就会有嫉妒、焦虑、憎恨的情感产生。这就是我们的生活，而我们承受着痛苦。

如果我的儿子已经死了，而我不能忍受他已经离去的意念。没有感伤，没有情绪，我可以与这种痛苦，这种寂寞的痛苦共存吗？我们大部分的人都知道寂寞。这种寂寞就是当你与所有的关系隔绝时产生的。你突然发现你身在群众当中，却是完全寂寞、孤独的。发现这种状况也是一种悲伤。当我的儿子死了的时候，我是寂寞的。我能够看着寂寞，观察寂寞，而不带任何过去的记忆，也没有观察者的观察吗？我们会进一步讨论它。

当人在生气的时候，在愤怒的那一刻，这是种反应，既没有观察者，也没有被观察者。你注意到了吗？只有被称为"愤怒"的反应。几秒钟或几分钟后，观察者说："我已经生气了。"所以那观察者从愤怒中抽离出来，然后说："我已经生气了。"但是观察者就是被观察的。愤怒和我一样，我就是愤怒。我就是贪婪。我就是害怕。我就是这些东西。但是思想说："我必须控制，我必须从恐惧中逃脱出来。"所以，思想创造了一个观察者，这观察者和被观察者不同，而在那情况下，就有了冲突。然而事实是，观察者就是被观察者。愤怒是你，愤怒和你没有不同。同样的，当我失去我儿子的时候，我是在那种状况之中，没有思想运作地观察，也就是全神贯注在所谓的"痛苦""寂寞"，这些带来绝望、神经质的事。我能在没有任何行动或思想的阴影下和这些强烈的哀伤、痛苦、震惊共存吗？也就是要完全专注。如果你想逃避，就不能完全专注，那是浪费精力。然而如果你全神贯注，你所有的能量就会集中在你受苦的那一点上。当你这么做的时候，你就会了解这件事的重要性、深度和美。

然后痛苦才会结束。当痛苦结束的时候，才会有热情。而且痛苦结束时，就有了爱。

爱是什么？你问过吗？你问过你的丈夫或妻子爱是什么吗？你不敢！我有爱任何人吗？你知道那是什么意思？爱是欲望吗？爱是快乐吗？爱是依赖吗？请思考一下。爱是嫉妒吗？或是爱现在变成性行为了吗？我们现在正一同来检视会爱的心灵和头脑的品质。你爱你的孩子，或只是把他们当成你的责任？你曾经想过你是否爱你的孩子吗？你会说："当然。"但是我们是很严肃地在问。如果你爱你的孩子，你会要他们学你的样子吗？或者要他们完全和你不同？你会要他们接续你的贸易工作、事业吗？因为你是企业家，你要你的儿子也是企业家吗？还是你关心他们应该在善中成长，在美中开花结果？还是你准备让他上战场，去杀人并且被人杀害？那是爱吗？我知道你会说："我们无能为力。我们不能帮助我们的孩子。我们送他们去学校受教育，那就够了。"你只想要他们结了婚，安定下来——就像你安定下来一样——平凡，不正直，说一种做一种，去朝拜，做个优秀的律师。这是矛盾的。你要你的孩子像这样吗？如果你爱他们，你会这么做吗？

爱存在于世界上的每个角落吗？爱是嫉妒吗？爱是依赖吗？如果我依赖我的妻子，那是什么样的悲剧呀，不是吗？依赖的涵义是什么？是爱吗？如果我在身体和心理上依赖她，我依赖她，她帮助我，我帮助她。我害怕她可能离开我。我担心她会离开我。她不可以看别的男人，她必须对我忠实。我必须占有她、支配她。而她希望被占有和被人支配。爱是有恐惧、嫉妒、憎恨、对立的吗？那些都是爱吗？

去否认、否定一切不是爱的，剩下的就是爱。所以我们完全否定嫉妒，完全否定依赖，否定每种占有的形式。由全然的否定就产生了爱。经由否定，你会变成正向。而且最正面的事情就是爱。爱有一个奇怪的现象，就是：如果你有爱的时候，无论你做什么事都是对的。当有爱的时候，行动总是正确的，不论在什么样的环境。而且有这种爱的时候，就会有怜悯。怜悯表示对所有人的热情。如果你属于任何的教派、团体或有组织的宗教时，怜悯就不会存在，爱也不会存在。只有从这些解脱出来的时候，才会有怜悯。而怜悯有它自己的独特、无穷的智慧。有爱的时候，就有美。爱和有智慧的怜悯就是无止境的真理。通往真理的路是无迹可寻的——不是卡玛瑜伽、巴提瑜伽，等等。只有当悲伤终止的时候，怜悯出现，那就是真理。

孟买·1982 年 1 月 31 日

第十六章

爱的意义

没有爱,生活像是浅滩。在深水中,有丰富的生态,很多鱼才能生存下去;但是浅的水滩很快会被烈日晒干,只剩下泥巴和污垢而已。

让我们谈一下爱，让我们找出在这个字和感情的背后是否有——这对我们来说太重要了——不安、焦虑，以及大人视为的寂寞的东西。

你知道爱是什么吗？你爱你的父亲、母亲、兄弟、老师、朋友吗？你知道爱的意义吗？当你说爱你的父母的时候，是什么意思呢？你和他们在一起时觉得安心，你和他们在一起时觉得自在。你的父母保护你，他们给你钱、庇护、食物和衣物，而你和他们一起时觉得很亲密，不是吗？你也觉得你能信赖他们——或者你不行。或许你不能对他们像对朋友一样，自在从容快乐地说话；但是你尊敬他们，你接受他们引导，服从他们的指示，你对他们有某种责任感，觉得他们年老的时候，必须扶持他们。他们也爱你，他们想要保护你、指引你、帮助你——至少他们是这么说的。他们想要你结婚，让你过着所谓有道德的生活，不再惹是生非，而你也会有丈夫照顾你，或太太为你煮饭和照料孩子。这些都叫作爱，不是吗？

我们不能马上就说爱是什么，因为爱是不能用文字来解释的。这对我们来说也是不容易的。没有爱，生活是非常无味的；没有爱，那些树、那些鸟、那些男人和女人的微笑、河上的桥、船夫以及那些可爱的动物，都变得没有意义；没有爱，生活像是浅滩。在深水中，有丰富的生态，很多鱼才能生存下去；但是浅的水滩很快会被烈日晒干，只剩下泥巴和污垢而已。

对我们大部分的人来说，爱是非常难以理解的，因为我们的生活是非常的肤浅。我们想要被爱，也想要去爱，但在那个字背后，有潜在的恐惧。所以我们每一个人要去找出这个绝妙的事究竟是什么，难道这不是很重要的吗？而且只有当我们知道自己是如何对待其他人，如何对待那些树、那些动物、陌生人、饥饿的人的时候，才能找到答案。我们必须知道如何对待朋友，如何对待我们的上师，如何对待我们的父母。

当你说："我爱我的父亲和母亲，我爱我的监护人，我的老师。"它的意思是什么呢？当你尊敬某人的时候，当你觉得你有责任服从他们的时候，而他们也期待你的服从，这是爱吗？爱是有不安的吗？当你尊敬某些人，你也在轻视某些人。而这是爱吗？在爱中，有尊敬或轻视的感觉吗？有强迫自己去服从某人吗？

当你说你爱某人的时候，你在心中没有依赖他吗？当你是孩子的时候，你自然地依赖你的父亲、母亲、老师、监护人。你需要关心，需要食物、衣服和庇护。你需要安全感，觉得有人在照顾你。但是一般的情形是如何？当我们较年长的时候，这种依赖感持续着。你没有注意到老人、你的父母、老师身上有这种现象吗？你没有观察到：他们如何在情绪上依靠他们的妻子、丈夫、孩子、父母吗？当他们长大以后，大部分的人仍然依靠别人，他们继续依赖。没有人可以依赖，给他们舒适感和安全，他们便觉得寂寞。他们觉得失落。这种对别人的依赖感称为爱。但是如果你非常仔细地观察，你会发现这种依赖是恐惧，它不是爱。

大多数的人害怕孤独，他们害怕独立思考，害怕有深刻的感觉，害怕去探险并发现生活的意义。因此他们说他们爱上帝，并依赖他们所宣称的上帝；但是那不是上帝，不是那不可知的，它是思想创造出来的。

理想或信仰也是同样的情况。我信仰某件事,或者我拥有一个理想,而那给了我极大的慰藉;但是一旦离开理想,离开信仰,我就失落了。追随上师也是同样的情况。我依靠,因为我想要得道,所以有恐惧的痛苦。依赖你的父母或教师也是同样的情形。在你年轻的时候,这么做是自然和正确的;但是当你已经成熟的时候,如果你还依赖,就会让你无法思考,无法自由。有依赖,就有恐惧;有恐惧,就有权威,就没有爱。当你的父母说你必须服从,你必须追随传统,你必须做某种工作时——就没有爱。而当你依赖社会,你接受社会既有的结构,没有任何怀疑时,心里就没有爱了。

有野心的男人和女人也不知道爱是什么,而我们被有野心的人统治着。因此,这个世界上没有快乐;因此,有件事是非常重要的:那就是当你长大后,你将看到和明白这一切,有可能的话,你将亲自探索并发现爱是什么。你可能有好的职位,一栋好房子,很棒的花园、衣服,你可能当了总理,但是没有爱,这些东西都没有任何的意义。

所以你现在必须开始去找出——不要等到你老了,因为到时你永远也找不出来了——在你和你父母、老师、上师的关系中你真实的感觉。你不能够只接受"爱"这个字或其他的字,而是必须深究字背后的意义,发现事实是什么——事实是你实际感觉到的,不是你应该感觉到的。如果你确实感到嫉妒或生气,而说:"我不应该嫉妒,我不应该生气。"那这只是个希望,而不是事实。这个时候,重要的是要非常真实、非常清楚地发现它是什么,而不带理想地觉得你应该如何或将来会怎么觉得,然后你就可以想出办法来了。但是你说:"我必须爱我的父母,我必须爱我的老师。"那是没有意义的。因为你真实的感情是非常不一样的,而且那些文字掩饰了你真正的情感。

所以，去看文字背后的意义不是有智慧的做法吗？例如"义务""责任""上帝""爱"这些字眼，有其传统上的意义；但是一个智慧的人，真正受过教育的人，能够超越这些传统的意义。举例来说，如果有人告诉你，他不相信上帝，你会惊讶，不是吗？你会说："天啊！真糟糕！"因为你相信上帝——至少你认为你是。但是信仰和不信仰不重要；重要的是：你深入文字的背后去发现，你是否确实爱你的父母，和你的父母是否确实爱你。的确，如果你和你的父母真正彼此相爱，世界会完全不同的。没有战争，没有饥饿，没有阶级差异。没有富人和穷人。你发现，没有爱，我们试着在经济上改革社会，我们试着做对的事；但是只要我们心里没有爱，我们就不能使社会结构免于冲突和悲惨。这就是我们为什么必须小心行事的原因；而也许那时我们会找出爱是什么。

问：为什么世界上有哀伤和悲惨呢？

克：我怀疑这个男孩知道那些字的意思。他可能看过一只负荷过重的驴子，四只脚几乎要折断了，或另一个男孩在哭泣，或一个母亲在打她的孩子。也许他看到大人彼此争吵；还有死亡，尸体被搬去火葬；还有乞丐、贫穷、疾病、老化、哀伤，不只在外在，也在我们心里。所以他问："为什么会有哀伤？"你不也想知道吗？你难道不怀疑你哀伤的原因吗？哀伤是什么，它为什么存在？如果我想要得到某些东西而不成，我觉得真悲哀；如果我要更多的金钱，或者我想变得更美丽，然而得不到，我就会不快乐。如果我想爱某一个人而他不爱我，那我又是可悲的。我的父亲过世，而我会很悲伤。为什么？

当我们不能拥有我们所要的东西，我们为什么会觉得不快乐呢？我们为什么应该拥有我们所要的？我们认为那是我们的权利，不是吗？但是我们曾经自问过：当数百万人甚至没有获得所需的时候，我们为什么应该拥有我们所想要的呢？此外，我们为什么要呢？我们有了食物、衣服和庇护，但是我们仍然不满意。我们要求更多。我们要成功，我们想要得到尊敬、被人爱、被人看得起，我们想要拥有权力，想成为有名的诗人、圣徒、演说者，我们想要成为总理、总统。为什么呢？你曾经仔细检视过吗？我们为什么要这些？不是我们必须满意我们已有的现状。我不是那意思。那会是丑陋的，愚蠢的。但是为什么欲望会愈来愈多？这个渴望表示我们不满足、不满意，但是不满足什么？不满足我们自己吗？我是这样，但我不喜欢我现在这样，而我想成为那个样子。我想我穿件新的外套会较美丽，所以我想要它。那表示我不满意我的样子，而且我认为我可以经由更多的衣服、权力逃避不满。但是不满仍在那里，不是吗？我只能用衣服、权力与汽车来掩饰它。

所以，我们必须了解自己。只以财富、权力、地位来掩饰我们自己，是没有意义的，因为我们仍不会快乐。看清这点，这个不快乐的人，哀伤的人，没有逃向上师，他不再躲在财富、权力中；相反的，他想知道他的哀伤背后存在着什么。如果你深入自己的哀伤后面，你会发现你是非常渺小、空虚、有限的；你挣扎着想成功、有所成就，这种为达成功的努力，就是哀伤的原因。但是如果你开始了解你真实的样子，愈来愈深入，那么你会发现有很不同的事情会发生。

问：如果一个人很饿，而我觉得我可以帮助他，这是野心还是爱呢？

克：这全看你帮助他的动机而定。宣称为了帮助那些穷人，政客来到新德里，住的是大房子，一面炫耀自己。那是爱吗？你了解吗？那是爱吗？

问：如果经由我的帮助，解决了他的饥饿，这是爱吗？

克：他饥饿，而你给了他食物。这是爱吗？你为什么想要帮助他？你没有动机，除了想要帮助他的欲望，没有其他理由？你没有得到任何的好处吗？想一想，不要马上说是或不是。如果你在找好处，政治上或其他的，内心或外在的好处，那么你就没有爱他。如果你为了要更受欢迎而给他食物，或希望你的朋友会帮你进入新德里政坛，那么那就不是爱，不是吗？但是如果你爱他，你会没有任何明确的动机就给他食物，不计任何回报。如果你给他食物，而他忘恩负义，你会觉得受伤吗？如果是，你就没有爱他。如果他说你是个了不起的人，而且你觉得非常荣耀，那表示你想到的是你自己，而那也就不是爱。所以人必须非常小心注意：在他助人之中，是否想得到任何好处，以及他的动机是什么。

和年轻人谈话·《未来的生活》摘录

第十七章

爱是一种祝福而不是快乐

我们都知道经由触觉、味觉、视觉、听觉而得来的快乐。而当这种强烈的快乐被思想所掌握的时候，就会有所反应，会产生侵犯、报复、愤怒、憎恨的情绪，这种感觉来自得不到你所追求的快乐。

为了要探究快乐——它是生活里非常重要的因素——我们必须了解爱是什么，而要了解那一点，我们也必须找出美是什么。所以这里与三件事有关：快乐、我们常常谈及而感觉的美，还有爱——这个字常被滥用了。我们会逐步深入，努力而缓慢地进入它，因为这三件事涵盖了人类存在的领域。而要下任何的结论，例如说："这是快乐"或"人不能有快乐"，或"这是爱""这是美"，对我而言是需要对美、对爱和对快乐有非常清楚的了解和感觉的。所以我们必须，如果我们有一点智慧的话，就会避开任何模式，任何结论，任何有关这个主题明确的解释。为了要探触这三件事的深刻的真相，这不是理智上的问题，不是文字上的定义，也不是它们的暧昧、神秘，或超自然的感觉。

对于我们大部分的人而言，快乐和它的表现是非常重要的。我们大多数人的道德价值是根基于它，基于终极或立即的快乐之上，我们的遗传、心理的倾向、我们的身体和神经上的反应也是基于快乐。如果你不只检视这种外在的价值和社会的判断，也检查你自己，你会发现快乐和它的价值是我们生活追求的主要目标。我们可能抗拒，我们可能牺牲，我们可能成功或放弃，但是到头来它总有得到快乐、满足和被取悦的感觉。自我表现和自我实现是快乐的一种形式；而当快乐受到阻挠、阻绝，就会有恐惧，而由恐惧，就会产生侵略。

请注意。你不只在听一些话或理念，它们是没有意义的。你可以阅读一本书，其中的心理学的解释是没有价值的。但是如果我们一起检视，逐渐的，那么你自己会发现，会产生多么了不起的事情呀。

记住，我们不是说我们不能拥有快乐，快乐是错的，就像这世界上到处存在着各种不同的宗教团体所主张的。我们不是说你必须压抑、否认、控制，转化到更高的层次，等等。我们只是要检视。而且如果我们能相当客观地深入检视，那么就会产生不同的心态，那是一种福佑，而不是快乐，福佑是一种完全不同的东西。

我们知道快乐是什么：看着美丽的山脉、可爱的树、云端的彩光被风吹过了天际、清澈的河流之美。看着这些和看着女人、男人或孩子的脸一样，有很大的快乐。我们都知道经由触觉、味觉、视觉、听觉而得来的快乐。而当这种强烈的快乐被思想所掌握的时候，就会有所反应，会产生侵犯、报复、愤怒、憎恨的情绪，这种感觉来自得不到你所追求的快乐。因此如果你观察，恐惧会再一次出现。任何经验都会受到思想的控制，昨天快乐的经验，无论它是什么：感官上的、性方面的和视觉上的。思想会加以反刍、咀嚼过去的快乐，检视它，创造一个可以维持它的印象或图像，给它滋润。思想把昨天的快乐留下来，延续到今天和明天。好好注意它。而当思想支持的快乐受到禁止的时候，因为它被环境、被各种的妨害所限，然后思想就会起反动，转化成侵犯、憎恨、暴力，而那又是另一种形式的快乐。

我们大部分的人经由自我表现以寻求快乐，我们想要表现自己，不管在小事或大事上面都是如此。艺术家想要在画布上表现自己，作家经由书本，音乐家经由乐器等来表现自己。自我表现——人们从中获得极大的快乐——是美吗？当艺术家表达自己的时候，他得到快乐和强烈的满足，那是美吗？还是，因为他不能完全在画布和文字上表达他的感受，而有不满足，而这是另外一种形式的快乐吗？

所以美是一种快乐吗？当自我表现以任何一种形式出现的时候，它传达的是美吗？爱是快乐吗？现在，爱几乎变成性和所有与它有关联的事物的同义字——忘我等。当思想从某些事物得到强烈的快乐时，那是爱吗？当它受到阻挠，就变成嫉妒、愤怒、憎恨。伴随快乐而来必然是支配、占有、依赖，因此而有害怕。所以人会自问，爱是快乐吗？爱是有各种微妙形式的欲望——性、友谊、温柔、忘我吗？那些都是爱吗？而如果它不是，那么爱是什么呢？

如果你观察自己的思想运作的情形，了解脑部的活动，你会发现从远古、人类之初，人们已经在追寻快乐。如果你观察动物，你会发现快乐是多么重要的事情，追求快乐也是一样，而当快乐受到阻挠的时候，就会出现侵略的举动。

我们的人生根源于此，我们的判断、价值、我们的社会要求、我们的关系等等，都是源于这个快乐和自我表现的重要原则之上。而当它受到阻挠的时候，当它受到约束、扭曲、阻挠时，就会产生愤怒，然后就有侵略，于是侵略变成了另一种形式的快乐。

快乐和爱有什么关系？或是快乐和爱有一点儿关系吗？爱是完全不同的东西吗？爱会不会被社会、宗教断章取义——被视为亵渎或神圣？你要如何找出答案？你要如何为自己找出答案，而不是由别人告诉你？如果有人告诉你，而你的回答是："是的，那是对的。"那就不是你的，那不是你自己的发现，因此也不会有深刻的感觉。

自我表现的快乐和美、和爱有什么关系？科学家、哲学家、技术人员必须知道事物的真相。因为人关心的是日常的生活、生计、家庭，等等。而真理是静态的吗？或者，它不是静态的，也不会永远存在，但是总是随着你的发现而改变？真理不是知识上的一种现象，它也不是情绪或感觉上的。而我们必须了解快乐的真理、美的真理、爱的真相。

人们已经了解爱的折磨，对它的依赖，对它的恐惧，没有人爱的寂寞以及在各种关系中永无止境追寻爱，却一直都没有得到满足。所以有人不禁要问，爱是满足吗？同时，它以嫉妒、羡慕、憎恨、愤怒、依赖的方式在折磨人吗？

当心里没有美的时候，我们就会去博物馆参观、去听音乐会。我们赞叹古希腊庙宇列柱的美，它的比例衬着湛蓝的天空。我们不断地谈着美；我们却因为愈来愈多的时候住在都市里，身为现代人而失去与自然的接触。于是组成赏鸟、观树与溪流的组织，好像经由赏鸟，你就会接触到自然，而和那动人心魄的美打了照面！就是因为我们失去与自然的接触，所以绘画、博物馆、音乐才会变得如此重要。

有一种空虚，就是内在的空洞，总是在寻求自我表现的机会和快乐，于是就生出无法完全拥有它们的恐惧，所以才有抗拒、侵略的情形出现。我们一直去填补内在的空洞，也就是空虚、完全孤立与寂寞的感觉，我想你一定有过这样的经验，我们用书本、知识、人的关系和各种形式的谬误去填补，但是最终仍有无法填满的空虚。然后我们转向上帝，它是最终极的诉求。在我们有空虚和这种深沉的、难测的空虚时，爱和美是可能的吗？如果人了解这种空虚而且不逃避它，那么他要怎么做？我们试着用上帝、知识、经验、音乐、绘画、日新月异的科技资讯来填补这种空虚，这就是我们从早到晚所做的事。当人明白这种空虚不能够由任何人来填满的时候，他就会发现这个的重要。如果你用和别人、和印象的"关系"来填补空虚，那么就会产生依赖和害怕失去的恐惧，然后侵略、占有、嫉妒，整个情绪就会随之而来。所以人不禁要自问：空虚可以经由社会活动、好的工作、到修道院静修、训练自己去觉察，从而得到填满吗？这真是荒谬。如果人不能满足它，那人要做什么呢？你了解这个问题的重要性吗？人尝试用所谓的快乐、自我表现、追寻真理、上帝来填满它，于是明白没有任何东西可以填满它，既不是人自己创造出来的印象，也不是人创造出来的关于世界的印象或意识形态可以填满它。所以人利用美、利用爱和快乐去掩饰这种空虚。如果人们不再逃避它而与它共存，那么人要做什么？

这种寂寞，这种内心深处的空虚究竟是什么？它是什么而又是如何产生的呢？它的存在是因为我们想填满它，还是想逃避它呢？它的存在是因为我们害怕它吗？它只是一个空虚的意念，因此心灵从未与它实际的一面接触，从未与它直接发生关系？

我发现自己的空虚，而我不再逃避，因为那显然是不成熟的举动。我注意到它的存在，它是无法填满的。现在，我问自己：这是如何发生的？它是我的生活，我所有日常的活动等等所产生的？它是"自己""我""自我"或任何你可以用的字眼，在所有的活动中分离了自己吗？"我""自己""自我"的本质是孤独的，它是分离的。所有的活动造成这种孤立的情形，也就是自身深沉空虚的情形，所以它是结果，不是天生就有的东西。我发现只要我的活动是以自我为中心和以自我的表现为主，就一定会有空虚，而且我也发现，为了填满空虚，我做了各种努力，这又是

爱是一种祝福而不是 快乐 | **143**

以自我为中心，于是空虚就变得更大更深了。

有可能超越这种状况吗？不是用逃避，也不是说："我不会以自我为中心。"当人们说"我不会以自我为中心"的时候，他已经是以自我为中心了。当人们运用意志力去阻绝自我的活动时，那种意志正是孤独的原因。

几个世纪以来，由于心灵需要安全和保障，于是处处受限；它已经在生理和心理上都建立了这个以自我为中心的活动，而且这个活动散布在每天的生活中——我的家庭、我的工作、我的财产——而这些产生了空虚和孤独。要如何结束这种活动呢？可以终止它吗？或者人们必须完全忽视它，然后再替它加入另外一种特质呢？所以，我了解空虚，我了解它是如何形成的，我注意到要驱除空虚的始作俑者之意志或任何活动，只是另一种以自我为中心的活动。我非常清楚、客观地看到，而且我突然明白我不能做任何事。以前，我会去做些事，我会逃避，或试着去满足它，试着去了解它、深入它，但是它们全都是孤独的另一种形式。所以，我突然明白我不能做什么事，我愈想试着做什么，我就愈是筑起了孤独的墙，心灵本身明白它不能做任何事，思想不能碰它，因为思想一触及，就会再次产生空虚。所以经由小心、客观地观察，我了解了全部的过程，而这种了解就足够了。了解所发生的事。以前，我费力地去填满空虚，到处游荡，而现在我发现它的荒谬——心灵非常清楚地了解它是多么的荒谬。所以，现在我不再浪费。思想变安静了，心灵变得完全静默了，它已经看清所有的状况，所以就静默了。在静默中没有寂寞。当心灵完全静默时，只有美和爱，它会也不一定会表现它自己。

我们正一起探索吗？我们正谈论的是其中最困难、最危险的事，因为如果你神经过敏，像大部分的人一样，那么它就会变成复杂和丑陋的。它是一个非常复杂的问题，但是当你看着它，它就会变得非常、非常的简单，它的单纯会让你以为你已经得到它了。

所以，只有祝福是超越快乐的。美，不是狡猾心灵的表现，但是当心灵完全静默下来的时候，就会有了解的美。下雨的时候，你能听到雨滴急速拍打的声音。你可以用耳朵听到它，你也可以在那样的沉静中听到它。如果你能用完全沉默的心灵听到它，那么它的美是不能用文字表达或画在画布上的，因为那种美是超乎自我表现的。显然，爱是一种祝福，而不是快乐。

撒宁·《1968年撒宁演讲对话录》摘录

第十八章

爱和哀伤

几个世纪以来,爱和哀伤总是关系密切,有的时候一个占优势,有的时候又换作另一个。我们所谓的爱很快就过去,然后我们又陷入嫉妒、虚荣、恐惧、悲惨的情绪之中。在爱和哀伤之间总有争战。

如果可以的话，我希望谈谈哀伤的终结，因为恐惧、悲伤，和我们所谓的爱总是一体的。除非我们了解恐惧，否则就不会了解哀伤，也不会了解没有矛盾、没有摩擦的爱。

　　要完全消除哀伤是最困难的一件事情，因为哀伤总是以不同形式如影随形地跟着我们。所以我想要深入探讨这个问题。但是我的想法意义不大，除非我们每一个人自己都来检视这个问题，既不必同意也不必否认，只是单纯地观察事实。如果我们能实际上而不只是理论上这么做，那么也许我们就能够了解哀伤的重要，而因此了结它。

　　几个世纪以来，爱和哀伤总是关系密切，有的时候一个占优势，有的时候又换作另一个。我们所谓的爱很快就过去，然后我们又陷入嫉妒、虚荣、恐惧、悲惨的情绪之中。在爱和哀伤之间总有争战。在我们开始讨论如何结束哀伤的问题之前，我认为我们必须先了解热情是什么。

※

　　热情是少数的人才能真正感觉得到的。我们可以感觉到的是狂热，是对某种事物着迷的一种情绪。我们常是"为了"某些事而有热情：为了音乐、为了绘画、为了国家、为了女人、为了男人，它总是一种原因的结果。当你爱上某个人，你是处在一种情绪起伏很大的状态，你受到特定原因的影响，而我在这里所谈到的热情是没有什么原因的。是对所有事情的热情，而不只是某些事，然而我们大部分的人只对特定的人或事才会付出热情。我认为我们应该看清楚这其中的区别。

　　在没有原因的热情下，可以免除所有的依赖；但是一旦热情有原因的时候，就有依赖，而依赖是哀伤的开始。我们大部分的人是会依赖的；我们依赖着某一个人、一个国家、一种信仰、一套信念，而且当我们依赖的对象消失或失去它的重要性的时候，我们会发现自己的空虚与不足。于是我们经由转化依赖的对象以满足空虚，它会再一次成为我们付出热情的对象。

　　请检视你自己的心灵和思想。我只是你照的镜子。如果你不想看，也没有关系，但是如果你想看，就清清楚楚地看着你自己，不带任何感情地看着你自己——不要希求解除你的悲惨、焦虑和罪恶感，而是要了解这种热情总会带来哀伤的。

　　当热情有了原因，它就变成贪欲。当你对某事有了热情的时候——对人、对信念，或对某种成就——然后从这种热情之中，就会产生矛盾、冲突、努力。你努力去完成或维持某种状态，或企图去挽回已失去的。但是我所说的那种热情不会引起矛盾和冲突。它和原因完全无关，因此它不是结果。

听好,不要试着达到这种状态,这种没有原因的热情。如果我们能注意听,用一种轻松的感觉,也就是你的注意力不是经由训练,而只是由单纯的想要了解产生时,那么我想我们就可为自己找到热情是什么。

我们大部分人的热情都很薄弱。我们可能很好色,我们可能渴望得到什么,我们可能想要逃避什么,所有的这些都会给人一种强烈的感觉。但是除非我们觉醒,并且以我们自己的方法进入这种没有原因的热情之中,否则我们将无法了解我们所谓的悲伤。为了要了解一些事,你必须有热情,也就是完全专注的能力。如果热情是为了某件事才有的时候——它会产生矛盾、冲突——就不会有纯粹热情的火焰;而要终结哀伤,就必须要有纯粹热情的火焰,完全把它驱除干净。

我们知道哀伤是一种结果,它是原因的结果。我爱上某个人,而他不爱我——这是一种哀伤。我想要在某种领域有所成就,但是我还没有能力达到;或者如果我有能力达成,但是疾病或其他因素阻碍了我去达成目标——那就是另一种形式的哀伤。有一种是琐碎思想的哀伤,它总是和自己起冲突,无止境地努力、调整、摸索、服从。在关系里有冲突的哀伤和因死亡而失去友人的悲伤。你们都知道哀伤的各种不同的形式,而且它们全部是原因的结果。

现在,我们从不面对哀伤,我们总是试着将它合理化,给它一个解释,或者我们依附教条、使我们满足的信仰,它给我们短暂的慰藉。有些人嗑药,有人酗酒,或祈祷——任何减少紧张、哀伤痛苦的事。哀伤和永无止境地试着逃避,是我们每一个人的宿命。我们从没有想过要完全了结哀伤,从而使心思不会随时陷入自怜、绝望的阴影之中。无法终结哀伤的时候，如果我们是基督徒，我们就会在教会中礼拜基督的苦难。不论我们上教会，或崇拜苦难的象征，或试着将哀伤合理化，或喝酒以忘忧，结果都是一样的：我们在逃避痛苦的事实。我不是谈论身体上的痛苦，那可以很容易地经由现代医药得到治疗。我谈论的是哀伤，这种心理上的痛苦，使我们的心灵无法得到清明、无法享受美，摧毁了爱和怜悯之心。我们有可能终结所有的哀伤吗？

我想哀伤的终结与热情的强度有关。只有当完全放弃自我的时候，才可能有热情。除非我们的思想完全消失，否则无法流露出热情。我们所谓的思想，是对各种不同的形式与经验的记忆，只要这种受限的反应存在，就没有热情，就没有强度。只有当"我"完全消失的时候，热情才会有强度。

你知道，有一种美感，无关乎美丑。不是山脉不美，或是没有丑陋的建筑物，而是这种美不是丑陋的反面，不是憎恨的反面。而我说的放弃自我是一种没有原因的美，因此它是有热情的。有可能超越有原因的结果吗？

请千万要注意里面的意思而不是字面的意思。

你会发现，我们大部分的人总是一直在反应。反应是我们生活所有的模式。我们对哀伤的回应是一种反应，我们解释哀伤的原因也是一种反应，逃避哀伤又是另一种反应，但是我们的哀伤仍然不会停止。只有在我们面对哀伤的事实，只有在我们了解而且超越原因和结果时，哀伤才会了结。想要经由特别的训练或深思熟虑，或运用各种逃避悲哀的方法，以消解哀伤，并不能唤醒我们心中的美，唤醒它的活力、唤醒包含以及超越哀伤的热情。

哀伤是什么？当你听到这个问题要如何回答？你的思想立刻试着解释哀伤的原因，而这种寻求解释的心态唤醒了你悲伤的记忆。所以，你总是口头上追述过去或未来的情形，努力解释我们所谓悲伤的原因。但我认为人必须超越所有的这一切。

我们非常清楚是什么引起哀伤的——贫穷、疾病、挫折，缺乏爱，等等。而当我们解释各种哀伤的原因时，我们没有终结哀伤，我们也还没有真正掌握住哀伤的深意和重要性，就像我们不了解我们所谓的爱。我认为这两者是有关联的——哀伤和爱——而要了解爱是什么，人必须了解哀伤的范围，它是很广大的。

古人谈到哀伤的终结，他们提出了一种生活方式以了结哀伤。有许多人学习过那种生活方式。东、西方的修道士尝试过，但是他们只有使自己更麻木不仁，他们的思想和心灵已经封闭住了。他们住在自己思想的围墙之内，隐身在砖石的墙壁之内，但是我真的不相信他们已经超越，并且感受到哀伤的广大。

要终结哀伤就要面对寂寞、依赖、对名利的追求、对爱的渴求等事实，就是从自我关切和自我怜悯的幼稚中解脱出来。而当人已经超越所有的这一切，也许已经终结个人的哀伤时，还是有极广大的、属于所有人的哀伤存在，也就是全世界的哀伤。人可以经由面对事实和哀伤的原因而终结哀伤——而那必须发生在完全自由的心灵之中。但是当人超越所有这一切的时候，仍然有非常无知的哀伤存在于这个世上——不是缺乏资讯，缺乏书本知识的无知，而是人对自己的无知。这种缺乏对自我的了解是无知的根本，导致整个世界依然存在着哀伤。而哀伤实际上究竟是什么呢？

你会发现，没有词句可以解释哀伤，也没有词句可以解释爱是什么。爱不是依赖，爱不是憎恨的反面，爱也不是嫉妒。而当人摆脱了嫉妒、羡慕、依赖、所有的冲突和痛苦之后——当所有的都了结之后，却仍然存在着爱是什么、哀伤是什么的问题。

只有当你的思想已拒绝所有的解释，而且不再想象、不再去找原因、不再沉迷于字句、不再回忆快乐和痛苦的时候，你就会了解爱是什么，哀伤是什么。你的心灵一定要完全安静，没有文字，没有符号，没有观念。然后你才会发现——或者它会自动出现——我们所谓的爱、所谓的哀伤、所谓的死亡，它们的境界是相同的。在爱、哀伤和死亡之间，不再有任何区分；而没有区分，就有了美。但是为了要了解和身处那种狂喜的状态之中，一定要有全然放弃自我的热情。

撒宁·1962 年 8 月 5 日

第十九章

爱是美德的精髓

爱意味着极大的自由,但不是去做你喜欢做的事。只有当心灵非常安静、无私、不以自我为中心的时候,爱才会来临……爱是美德的精髓。

为了要了解快乐，我们必须要去学习它，不要压抑它，也不要沉溺于其中。学习是一种纪律，要求你既不沉迷于它，也不否认它。当你明白如果有任何压抑、拒绝、控制存在的时候，你就无法学习，也就没有学习这回事，这时真正的学习就会开始。因此，要了解快乐的所有问题，你必须有清晰的思想。对我们来说，快乐是非常重要的。我们为了快乐而做事。我们逃避任何会带给我们痛苦的事，而且我们依据快乐的原则来看待事情。所以，快乐在我们生活中扮演着非常重要的角色。比如一个人为了理想放弃所谓世俗的生活，而去寻找另一种的生活，其实这是以快乐为基础的行为。或当人们说"我必须帮助穷人"而从事社会改革的时候，它还是一种快乐的行为；他们可能经由所谓的服务、仁慈来掩饰它，但是它还是一种心灵的活动，寻求快乐或逃避任何引发所谓"痛苦"的干扰。如果你观察自己——这是我们日常生活中时时刻刻在做的事——你会发现，你喜欢某人，因为她赞美你，而你不喜欢某人，因为他说了某些真实而你又不喜欢听的事，因而你造成了与别人的对立。因此你经常活在争斗的情形下。

所以，了解所谓的"快乐"是非常重要的。我的意思是经由了解而去学习。我们有很多需要学习的东西，因为我们所有知觉的反应、所有我们创造的价值和需求（所谓的自我牺牲、拒绝、接受）都是基于这个了不起的东西———种精致的或原始的快乐。我们献身于各种不同的活动中，在这种基础之上，因为我们想经由认同特定的活动、信念、生活形式，这样我们会有更多的快乐，我们会得到更大的好处；而那价值和好处，是基于我们认同一种特别的活动形式为快乐之上。请你仔细观察这些。

你不仅要听字面的意义，还要真正地聆听以找出我所说的真假。这是你的生活，这是你每天的生活，我们大部分的人都在浪费"生命"。我们已经活了四十或六十年，每天去办公室，从事社会活动，以各种不同的方式逃避，结果到了生命的尽头，我们一无所有，所有的仅是空虚、无聊和愚蠢的生活，浪费的生命。

因此，如果你想重新开始，了解快乐是非常重要的。因为压抑或否认快乐并不能解决快乐的问题。所谓的宗教人士压抑各种形式的快乐，至少他们企图这么做，因此他们变成无趣、饥渴的人。而这样的心灵是干枯的、无聊的、麻木的，不可能了解什么是真实。

所以去了解快乐的活动是非常重要的。看着美丽的树是一件舒服的事，非常快乐——这有什么不对吗？但是看女人或男人的快乐——你却称之为不道德的，因为对你而言，快乐总是包括或关联着一件事，也就是女人或男人；或快乐是逃避人际关系之中的痛苦，因此你到别处去找寻快乐——在理想中、在逃避中、在某种特定的活动中。

现在，快乐已经创造出这种社会生活的形态。我们在野心、竞争、比较、求知、揽权、追求地位、声望上获得快乐。而追求像野心、竞争、贪欲、羡慕、地位、支配、掌权的快乐是值得尊敬的。它是经由单一观念的社会所塑造出来的尊敬:你将会过着一种有道德的生活,那是一种值得尊重的生活。你可以有野心,你可以贪婪,你可以粗暴,你可以竞争,你可以是无情的人,但是社会接受你,因为,你的野心的结果,若不是成为所谓有钱的成功人士,就是失败者,也就是受挫的人。所以社会的道德是不道德的。

请听这个,不必同意也不必不同意,只要看清事实。而看清事实——也就是了解事实——是不要发展相关的观念,不要对它有意见。你正在学习,而你必须以求知的态度来学习,也就是热情的、热切的,因此也是年轻的。道德,是一种习俗,是一种习惯,只要你服从它,就被认为是值得尊敬的。有些人反抗那些形式——一直有这样的事发生。反抗是对这种形式的反应。这种反应有许多形式——那些嬉皮、披头士、英国反叛的青少年等——但是他们仍然在形式之内反抗。真正的道德是很不同的。而那也就是为什么人必须了解美德和快乐的本质。我们社会的习俗、习惯、传统、关系——所有的这些都是基于快乐。我不是在用"快乐"这个字的狭义,我是在用它的广义。我们的社会是基于快乐,而我们所有的关系也是基于快乐。只要我合于你所喜欢的,只要我帮你得到更好的事业,我就是你的朋友。一旦我批评你时,我就不是你的朋友。这是多么明显和愚蠢的事。

不了解快乐,你就不可能了解爱。爱不是快乐。爱是完全不同的东西。而要了解快乐,你必须学习。现在,对我们大部分的人,或每个人来说,性是个问题。为什么呢?小心注意地听着。因为你无法解决它,你只好逃避。托钵僧以独身的誓约和否定来逃避它。请看看这样的心灵发生了什么变化。经由否定你身体的一个部分——那些腺体等——来压抑它,

爱是美德的精髓 | **159**

你就已经使自己干枯，而在你身体里面，就经常有争战。

我们认为，我们只有两种方法去面对任何问题，不是压抑它就是逃避它。压抑和逃避是相同的事，而且我们有完整的逃避网络——非常复杂的、聪明的、情绪的——也就是平常每天的一种活动。有各种不同的逃避方式。但是我们有这个问题。那些托钵僧从某一方面逃避，但是他并没有解决它；他以发誓来压抑它，而所有的问题煎熬着他。他可能穿上单纯的外袍，但是对他来说这也变成非常重要的事，就像平常的人一样。

你如何解决这个问题？你必须解决它。那是一种快乐的行为。你必须了解。你要如何解决它？如果你不解决它，那么你只是陷于一种习惯之中。那表示是一种例行的公事，你的心灵会变得无趣、愚蠢和沉重，而那是你唯一拥有的东西。所以你必须解决这个问题。首先，当你要学习的时候，不要先谴责它。请先学习。这是为什么我们要讨论学习的原因。你在知识上、情绪上受到压抑；你只有重复去做的心灵。你复制，你模仿其他人做过的，你不断地引用《薄伽梵歌》或《奥义书》，或一些圣书里的话语，但在知识上你是饥渴的、空虚的、无趣的。在办公室里，你在理智上模仿，日复一日地抄袭，在办公室、工厂、家里做着同样的事——一直在重复。所以本应是有生命力、清晰、合理、健康、自由的心智，已经受到压制了。没有出路、没有创造的活动。在情绪上，或在美学上，你是饥渴的，因为你已否定了情感的敏锐，否定对美的敏锐，拒绝去享受夜晚的美妙，不愿意去欣赏一棵树或是亲密地与自然交流。所以，你还剩下什么？在生命中，你只有一件东西，那就是你自己，而它变成了一个很严重的问题。

所以，了解这个问题的心灵必须立刻解决它，因为这个问题日复一日地钝化你的精神、你的心灵。你有没有注意到有问题而无法解决的心灵会出什么事？它或是逃入其他问题之内，或是压抑它，因此它就会变得神经质——所谓神志清醒的神经质，但是它仍然是神经质的。所以每个问题，无论它是什么——情感上的、知识上的、身体上的——都必须立刻解决而不要留到明天，因为明天你还要面对其他的问题。

因此你必须去学习。但是如果你还没有解决今天的问题，你就不能去学习，你只是把它们留到明天。所以每个问题，不论有多复杂、有多困难、有多大的需求，都必须在当天解决，必须在当下解决。请注意这一点有多么重要。心灵深陷问题之中，因为它无法解决问题，因为它没有能力，因为它没有强度，因为它没有学习的动力——你在世界上可以看到这样的心灵——所以变得紧张，恐惧、丑陋、关心自己、以自我为中心和野蛮。

所以所谓的性这个问题必须得到解决。而要有智慧地解决它——不要逃避、不要压抑、不立一些白痴式的誓约，或陷溺于其中———个人必须了解快乐的问题。人还必须了解另外一个情形，那就是大多数的人是活在二手的世界中。你可以引用《薄伽梵歌》，但是你仍是活在二手世界中的人。你没有最原始的东西。你没有自然的、真实的东西，无论是知识上、美学上或道德上都是如此。而只留下一件事了——饥渴，对食物和性的欲望，有强制性的吃和强制性的性。你可以观察到人们如何吃、如何狼吞虎咽——性方面也是一样的。

所以，要了解这个非常复杂的问题——因为它包括了美、情感、爱——你必须了解快乐，必须突破这个没有创意的心灵，它只是重复别人几世纪或几十年前说过的话。引用别人说的话是一种不错的逃避方法，而引用《薄伽梵歌》——好像你已经了解它——也是一种不错的逃避。你必须要活下去，而要活下去就不能有问题。

要了解性这个问题，你必须让心灵、理智自由，这样它才能观察、了解和行动；而且也要在情感上、美学上，你必须欣赏那些树、那些山脉、那些河流、肮脏的街道；了解你的孩子，他们是如何长大，他们如何穿着，你如何对待他们，你如何对他们说话。你必须看见道路、建筑物、山川的美，看到脸庞的美。这些都是能量的释放——不是经由压抑，不是经由认同某些信念，而是全方位地释放能量——所以你的心灵是活跃的，在美学上、在知识上，有理性能够看清事情。一棵树、树枝上的小鸟、水面上的光影，和生活里许多事情的美——当你不知道的时候，当然你就只有这个问题。

社会认为你必须有道德，而道德就是家庭。当家庭被局限于家庭的时候，家庭就逐渐在瓦解；那就是说，家庭就变成个体，而个体是与多数、全体以至社会对立的，然后就开始这一切的毁灭过程。所以美德与受尊重一点关系也没有。美德是像花儿开放一样的事情，那不是一种你能"得到"的境界。你知道仁慈，但是你不能得到仁慈，同样，你也不能得到谦逊，只有徒劳的人才会努力得到谦逊。你要么是善良的，要么不是善良的。这是"是"的问题，而不是"变得"的问题。你不能变得善良，你不能变得谦卑。美德也是一样。社会道德的结构是基于模仿、恐惧、个人丑陋的需求和野心、贪婪、嫉妒而成的，而不是基于美德——所以它是不道德的。美德是爱的自然表现——自然的，不是经过事前计划、培养称之为"美德"的东西。它必须是自然流露的，否则，它就不是美德。如果它是之前计划好的，如果它是经由练习而得的，如果它是机械化的事，它怎么会是美德呢？

所以你必须了解快乐，你也必须了解快乐和哀伤的本质和重要性。而你也必须了解美德和爱。

而爱是不能够经由培养而得的。你不能说："我会去学习，我会学习去爱。"大部分的理想主义者，大部分的人，以各种不同形式的知识、情绪的活动来逃避自己，这样的人是没有爱的。他们也许是了不起的社会改革者、优秀的政客——如果有所谓的"优秀的政客"的话——但是他们一点爱都没有。爱是与快乐完全不同的东西。但是你不能在不了解热情的深度之下而得到爱——不是否认它，不是逃避它，而是了解它。在快乐的美之中有极大的愉悦。

所以爱不是经由培养而得的。爱是不能分成神圣的爱和肉体的爱，它只是爱。而且不是你爱许多人或只爱一个人，那又是个荒谬的问题——"你爱所有的人吗？"你知道，有香气的花不在乎谁会来闻它，或谁掉头走开。所以爱也是同样的情形。爱不是回忆。爱不是心灵、知识的事。当所有存在的问题——如恐惧、贪婪、羡慕、绝望、希望——都得到了解和解决的时候，它自然会以怜悯的面貌出现。有野心的人不能去爱；依附家庭的人没有爱；有嫉妒的人也无法去爱。当你说"我爱我的妻子"，这不是你真正的意思，因为下一刻，你就会嫉妒她了。

爱意味着极大的自由，但不是去做你喜欢做的事。只有当心灵非常安静、无私、不以自我为中心的时候，爱才会来临。这些不是理想。如果你没有爱——你去做任何想做的事，崇拜所有的神明，参加各种社会活动、改革贫穷、从政、著书立说、写诗——你仍然是个死了的人。没有爱，你的问题会永无止境地增加；而有了爱，去做你要做的事，就没有危险，没有冲突。爱是美德的精髓。没有爱的心灵根本就不虔诚，只有虔诚的心灵才能摆脱各种问题，而且知道爱和真理的美。

孟买·1965 年 2 月 21 日

第二十章

如何摆脱孤独与依赖

你正需要一个让你能摆脱特定依赖或所有依赖的方法。这个方法是"解释",不是吗?你正要练习运用这个方法及生活使你摆脱依赖,所以这种方法变成了另外一种依赖。

问：我觉得非常孤单，而且渴望和别人有一些亲密的关系。我找不到朋友，我该怎么办？

克：我们的困难之一就是，我们想要通过某件事，通过某个人，通过象征，通过信念，通过美德，通过行动，通过友谊来得到快乐。我们认为快乐，或事实，或者不论你称它做什么，能够通过某些事而得到。所以我们觉得借着行动，借着友谊，借着某些理念，我们会找到快乐。

因为寂寞，所以我想要通过某个人或某些信念而得到快乐。但是我还是寂寞，它一直在那里，在表面之下。但是当它吓到我时，我并不知道这寂寞的内在性质是什么，因此我会想找个东西依附。如此我认为通过某件事，通过某人，我可以很快乐。所以我们的心里总是关心着要去找到这些东西。通过家具，通过房子，通过书本，通过人们，通过信念，通过仪式，通过象征，我们希望从某些事物之中来发现快乐。所以那些事，那些人，那些信念，就变得特别重要，因为我们希望通过它们来得到快乐。所以我们开始依赖他们。

但是有了它们，我们仍然不了解，也未能解决这件事，焦虑、恐惧仍然在那儿。而且甚至当我看到它在那里时，我还想要利用它、经历一下，看看之后有什么。所以我的心灵利用每件事作为超越它的方法，因此使得每件事都变得很琐碎。如果我利用你来满足我的快乐，那么你就变得非常不重要，因为我所关心的是我快不快乐。所以当我的心里只关心着能不能通过某人，通过某件事或通过信念来得到快乐时，我不就把这些方法变成短暂的了吗？因为我关心的是别的东西，更进一步地说，去掌握住另一种东西。

我应该去了解这种寂寞、这种疼痛、这种极为空虚的痛苦，难道这不是非常重要的吗？因为如果我了解这些，也许我就不会利用任何事来获得快乐，我将不会利用上帝来获得和平，或利用仪式来得到更多的感动、兴奋和灵感。正在侵蚀我的心的是恐惧、寂寞与空虚。我能了解吗？我能解决吗？我们大部分的人都是寂寞的，不是吗？做我们想要做的，去广播、写书、参政、礼拜，这些都不能真正消除寂寞，我可能在社会上很活跃，我可能用某些人生哲理来肯定自己，但是无论我做什么，寂寞仍然在那里，在我的下意识深处，或是在我的生命深处。

我要如何处理这种情形？我如何把它显露出来，而且完全解决它？我一再所做的只是责备它，不是吗？我不知道在害怕什么，而这种恐惧是谴责的结果。毕竟，我不知道寂寞的特质到底是什么。但是在我的心中已经替它做了判断，说它很可怕。心灵对事实有意见，对于寂寞有看法。就是这些看法、这些意见造成了恐惧，使我不能真正把寂寞看清楚。

我希望我把自己的意思表达清楚？我很寂寞，而且我害怕它。是什么引起恐惧？难道不是因为我不知道寂寞的意义吗？如果我知道寂寞的内涵，那么我就不会害怕它。但是因为我知道它可能是什么，所以我逃避它。而正是逃避制造了恐惧，让你不敢面对它。要面对它，就要和它在一起，不能指责它。而且当我能面对它的时候，我就能爱它，看清楚它。

那么，我所害怕的寂寞只是一个字眼吗？它实际上不是一个必要的存在，也许经过哪一扇门我会找出真相？那扇门可能进一步引导我们，所以我们的心明白在这状态中一定是孤独的，不受污染的。因为所有其他远离寂寞的方法都是脱离正轨的、逃避的、分散的。如果我们的心可以与它在一起，而不指责它，那么也许通过它，我们的心会发现孤独的状态，一颗不只寂寞而且是完全孤独的心，不依赖、不试图通过某些事来发现真相。

我们必须非常孤独，只有我们的心不再寻找快乐、寻求美德或制造阻力时，才能知道孤独不是由环境造成的，知道孤独不是孤立，孤独是有创造力的。只有孤独的心——而不是被它自己的经验所污染堕落的心——才能发现这些。所以也许我们了解了寂寞，如果我们知道如何面对它，就可能打开通往真相之门。

问：我很依赖别人，特别是心理上。我不想再依赖。请指点我不再依赖的方法。

克：在心理上，在我们的内心里是依赖别人的，依赖仪式、依赖理想、依赖事情、依赖财产，不是吗？我们是依赖的，而且我们想要摆脱依赖，因为它给我们带来痛苦。只要依赖令我满意，只要我在它里面发现了快乐，我就不会想要摆脱依赖。但是当依赖伤害了我，带给我痛苦的时候，当我所依赖的事情逃避我，瓦解了，离开了我，转而去看别人的时候，那时我就想要摆脱依赖了。

但是，我真的想要完全摆脱心理上所有的依赖吗？还是只想摆脱那些带给我们痛苦的依赖？很明显地，是要摆脱那些带来痛苦的依赖和回忆。我不想完全摆脱所有的依赖，我只想摆脱特定的依赖。所以我想找出方法可以让自己摆脱依赖，我向别人请教，如何来帮助我摆脱那个带来痛苦的依赖。我不想要摆脱所有的依赖。

有人可以帮助我摆脱依赖,摆脱部分的依赖或完全的依赖吗?我能告诉你一个方法——解释、字眼,或技巧吗?经由我告诉你的方法、技巧,或是给你的一个解释,你就会摆脱依赖吗?你还是有问题,不是吗?你还是有痛苦。并非经过我的指点,经过你和我一起讨论,你就能摆脱依赖。那你该怎么做?

请你注意这个问题的重要性。你正需要一个让你能摆脱特定依赖或所有依赖的方法。这个方法是"解释",不是吗?你正要练习运用这个方法及生活使你摆脱依赖,所以这种方法变成了另外一种依赖。你在试着使自己摆脱特定的依赖时,已经引入另外一种形式的依赖。

但是如果你真正地关心如何摆脱所有心理上的依赖,如果你真的关心,那么你就不会去寻求某一个方法或某一个方式。然后你会问一个很不同的问题,不是吗?你会问你是否有能力处理它,也就是处理依赖的可能性。所以,这个问题不是如何摆脱依赖,而是,我有能力处理这整个问题吗?如果我有能力,那么我不再依靠任何人。只有当我说我不能的时候,我才会这样要求:请帮助我,告诉我一个方法。但是如果我有能力处理依赖的问题,那么我就不会要求别人帮助我解决这个问题了。

我希望表达得够清楚。我认为不去问如何摆脱依赖是很重要的,而应该问我有能力处理这个问题吗?因为如果我知道如何处理,那么我就能摆脱这个问题,所以我不再要求一种方法、一种方式。但我有能力处理有关依赖的问题吗?

现在,在心理上,当你问你自己那个问题的时候,会发生什么事?当你有意识地问,我有能力摆脱依赖了吗?在你心理上会发生什么结果?

你不已经摆脱依赖吗？在心理上，你已经依赖，而且现在你会说：我有能力使自己摆脱依赖吗？很明显地，在你认真地问你自己那个问题的时候，你已经不再依赖了。

我希望你不只是口头上说了解，而且还要在实际上经验我们正在讨论的内容。那就是倾听的艺术——不只是听我的话，而是真正地听你内心发生的事。

当我知道我有能力的时候，问题就消失了。但是因为我没有能力，我就想要得到指点。所以我创造了主，创造了上师，创造了救世主，创造可以拯救、可以帮助我的人。所以我变得依赖他们。然而如果我有解决问题、了解问题的能力，那么那就是非常简单的，而我也不再依赖。

这并不意味着我充满着自信。来自自己——"我"的信心，不会通往任何地方，因为那样的信心是自我封闭的。但是正是这个问题——我有能力发现真相吗——给了一个人特别的顿悟和力量。问题不是我有没有能力——而是我能有吗？然后我将知道如何打开心门，它一直被自己的怀疑、焦虑、恐惧、经验和知识封闭了。

所以当全部过程被了解的时候，能力就在那里。但是通过任何特定模式的动作，是无法找到那种能力的，我不能通过个例而来了解整体。经由针对特定问题的分析，我无法了解全部的情形。所以我有能力看到整体的状况吗——不是了解一个特定的事件，一件特别的事情——而是看到生活中的所有过程，它的哀伤，它的痛苦，它的欢喜，它永远追寻安慰的心理？如果我能认真地问自己那个问题，那么能力就在那里。

有了那种能力，我能处理所有的问题。生活中总是有各种问题，总是发生一些事，有各种反应，这就是生活。因为我不知道如何处理这些问题，所以我就去找别人帮忙，向他们请教处理问题的方法。但是当我问自己这个问题：我能有这种能力了吗？这时候，就已经是信心的开始，不是"我"的信心，自己的信心，不是借着累积产生的信心，而是每天反省自身的信心，不是通过任何的特别经验或任何事情，而是经过了解，通过自由，所以心才能发现什么是真实的。

伦敦·1953 年 4 月 7 日

第二十一章

人类能否超越哀伤

所以只有了解自己的活动,哀伤才能终结:了解你是如何想逃避它,你是如何想找到它的答案,当找不到答案,你又是如何求助于信仰、偶像和观念。这就是这么多年来人类所做的事情。

我觉得必须找出倾听所代表的意义。我们正一起做某件事，这件事需要你的注意，不是知识上的注意，而是注意听，不但要听我们在说什么，而且要听你心里实际上有什么。倾听才能观察，实际观察你的心，它正在面对存在这个非常复杂的问题。不要去解释，一去解释你就不能倾听。倾听是一种专注的行动，在其中没有解释、没有比较——记得你读过的东西，而且和正在说的事比较，或和你自己的经验比较。那些都是分心。没有反抗地真正地倾听，不要试着去找出答案，因为答案并不能解决问题。真正能完全解决问题的是，能够在没有意识到观察者的情形下观察，只要观察就可以了，而观察者只是过去的经验、记忆和知识。有了这种态度，然后我们才能找出哀伤是什么，以及人类是否可以摆脱它。为自己找出哀伤是否会终结是非常重要的——要在实际上，而不是口头上，不是知识上，不是空想的或感伤的。因为如果它消失了，心灵就能摆脱庞大的负担，而且那种解脱对探究爱是什么而言是必须的。

那么什么是哀伤，它有终结的时候吗？这真的是一个相当深的问题。不知道你是否曾对它产生好奇心，是否你曾认真地着手找出它是什么以及这种心，你的心——也就是人类的心——是否能超越它。我们必须找出痛苦、忧伤和哀伤是什么。痛苦是生理上的，也是心理上的：在身体上，在器官内的受苦和痛苦，以及在心中极为复杂的痛苦、忧伤和哀伤。我们都知道身体上的痛苦——些微的痛苦或非常大的痛苦——可以用药物或以其他的方式来处理。你可以用一颗没有偏颇的心来观察痛苦，用一颗可以观察外在身体上的痛苦的心来观察。一个人可以观察牙痛，而在情绪上、心理上不会陷进去。当你在情绪上和心理上受到牙痛的影响时，痛苦就会变得更大，于是你就变得非常忧虑、害怕。不知道你是否注意到这个现象？

关键在于察觉到身体上、生理上的痛苦，而且在觉察时心理不受其影响。意识到身体上的痛苦，心理上受到影响会使痛苦加深，而且会引起焦虑和恐惧——而要完全不受心理因素的影响，则需要非常的觉察，保持某种程度上的疏离，某种程度上中立的观察。然后痛苦就不会扭曲心灵的活动，身体上的痛苦就不会使得心灵有神经过敏的反应。不知道你是否注意到，当你很痛苦，有问题不能解决的时候，心灵如何受到它的影响，对生活的看法如何受到扭曲？了解这整个过程不是一个决心的问题，不是结论的问题，或是说人必须去，那么你就创造了分裂，因此带来更多的冲突。然而当你明智地观察痛苦的情形、心理上如何受到痛苦的影响、行动和思想如何受到扭曲的时候，你才能处理身体上的痛苦，或对它采取行动，相当合理地去解决这个问题。那是相当容易的事。

但是不容易处理、并且相当复杂的是心理上的痛苦、忧伤和哀伤。那需要更清楚及更多的检验，更贴近的观察和透视。我们人类从童年起，无论人在哪里，都受过伤。我们身上净是伤痕，有意识的或无意识的伤痕。伤害有许多方式。我们流过泪，私下里哭或在别人面前哭，而且由于被伤害，所以我们想要去伤害别人，这是一种暴力的表现。为了抗拒受伤害，我们在自己周围建立起一道围墙，避免再一次受伤。当你在身旁建立一道墙以避免受伤时，你反而遭受更多的伤害。从童年起，由于比较、模仿和顺从，我们隐藏了许多的伤害，而且没有意识到它们的存在，我们所有的活动是基于这些伤害的反应。

我们正在一起探讨吗？如果你不只是在听说话者在说什么，而是运用这些话来观照自己，那么在说话者和你之间就有了沟通了。

造成各种现象、不平衡、神经质、逃避等的伤害是否可以被消除，从而让心灵可以有效率、清楚、明智、完全地运作？那是哀伤造成的问题之一。你曾经受过伤，而且我确信每个人都受过伤，它是我们文化的一部分，我们教育的一部分。在学校有人告诉你一定要得甲、得到比较高的分数；有人告诉你，你表现得没有你的叔叔好，或你表现得不像你祖母那样聪明，那就是开始。由于比较，你受到愈来愈残酷的待遇，不只是在外表上，而是在内心的深处。如果你不消除那些伤害，终其一生你会想要伤害别人，或变得暴力，从生活中退缩，远离人群，为了不再受到伤害。

既然这是我们痛苦的一部分，受伤的心可以完全摆脱各种伤害，而且不再受伤吗？一颗没有受伤的心，不会再去伤害别人，是真正的纯真。也就是字典里这个字的意思———颗不会受到伤害的心——因此它也不会去伤害别人。现在，一颗已经被深深伤害的心灵如何摆脱伤害？你如何回答那个问题？知道你已受到伤害，你如何找出摆脱伤害的方法？如果你完全地、深深地、彻底地了解一种伤害，那么你已经了解所有的伤害，因为在一个之中已经包括了全部，你不需在一个伤害之后，再去追逐另一个伤害。

为什么心灵会受伤害？现在的情况下，在学校和家庭之中，在我们对外的所有关系上，各种形式的教育，通过竞争，通过顺从，都是一种扭曲心灵的过程。决定不再受伤害是思想的一个结论，但是思想——它是时间，是活动，思想已经制造了它不该被伤害的形象——还是没有解决被伤害的问题。所以思想并不能解决受伤害的问题。它只是听说话者所说的，吸入它，喝下去，然后找出答案来。思想不可能解决这些伤害，但那是我们唯一的工具，也是我们如此小心培养的唯一工具，而当唯一的工具不能拿来实行，我们就觉得迷失了。对吧？但是当你了解到思想，思想所有的机制，无论如何都无法解决这个问题的时候，智慧就在运作——不是你的，也不是我的，或任何人的智慧。分析无法消除那些伤害。分析是一种麻痹的方式，而且它不能消除那些伤害。所以你还有什么呢？你看得非常清楚你已受到伤害，思考或分析都不能解决它。当你看到思想过程的真相，以及其他相关的东西，你心里会想什么？就是这个思想创造了关于你自己的形象，而这个形象已经受到伤害。

所以当我们的心了解到思想的印象、分析、活动都不能够解决伤害的时候，然后心才能在没有任何活动下观察伤害。而且当心灵用我们所说的方式完全地观察它，然后你会看到各种伤害都已消失，因为那伤害就是你自己的形象，而那个形象是由思想造成的。伤害就是来自形象，而且那个形象没有实体。它是一种言语的结构。语言学的意象，是由思想提供的，当思想不活跃的时候，形象也就不在了，那么就没有受伤的可能。了解吗？试试看、做做看——不要等到明天，现在就可以去做。

那是我们哀伤的原因之一，还有寂寞的哀伤、没有朋友的哀伤——或如果你有朋友，而失去了那个朋友的哀伤；或是一个你认为你爱的人，给予你身体上和心理上的满足——感官上的满足和心理上的满足,他的死令你哀伤。当那个人走了的时候,也就是说,当那个人死去或离开你的时候,所有焦虑、恐惧、嫉妒、寂寞、绝望、愤怒和暴力,在你里面爆发。那是我们生活的一部分。无法解决的。在亚洲他们会说:"朋友,来生我们会解决的。"毕竟,寄希望于来生,然后我会知道如何处理它。在西方,这种哀伤则围绕在一个人或你崇拜的偶像上——人类的痛苦围绕在一个个体上;你逃脱了,但你还是没有解决这个问题。你把它暂时搁置一边,你把它放在教会里十字架的形象上,但是问题仍然在那里。

所以只有了解自己的活动,哀伤才能终结:了解你是如何想逃避它,你是如何想找到它的答案,当找不到答案,你又是如何求助于信仰、偶像和观念。这就是这么多年来人类所做的事情,而且总是有牧师、掮客来帮助你逃避。为了要观察你里面所有的思想,你不靠任何现在或过去的心理学,只是观察自己——那些伤害、逃避、寂寞、绝望、极大的痛苦、无法超越现在的状态——只是观察而没有思想的活动,这需要很大的专注。那个专注,就是它本身,有它自己的纪律,有它自己的秩序。

你能观察到寂寞(这是我们哀伤的一个因素),或者能感觉到你必须完成某事,但却做不到,在这些情形下,你能否做到不灰心、只是没有任何思想地观察着它、也不想超越它?让我从不同的角度想这个问题。我失去我的兄弟或我的儿子。他死了,而且我震惊了好几天。然后在那件事之后,我充满了哀伤、痛苦、寂寞,觉得生活毫无意义,只剩下我自己一个人。请不要动任何的念头,不要说"我必须超越,我必须找到我的兄弟,和他沟通,我觉得孤单,好绝望"等,只是观察。然后你会看到在受苦中产生了热情,这热情与肉欲无关,它是完全摆脱思想所发散出来的能量。

所以通过——不,我不用通过这个字眼——所以在觉察"我"的所有活动,思想的产物,时间的活动,觉察到"我"的本质和结构,不论有意识和无意识的,就能不再哀伤。你可以自己试试看。如果你不试,你就没有权利去听,因为对你而言那没有任何意义。借着自我了解,哀伤才会终止,也就是智慧的开始。

现在,我们继续下一个问题,想想爱是什么。我真的不知道爱是什么。有人可以描述它,有人可以把它化为文字,进入最诗意的语言中,运用非常美丽的词句,但是词句并不是爱。感情不是爱。爱与情绪无关,与爱国思想、理念都无关,如果你深入其中,你就会非常了解。所以我们可以完全把那些语言的描述,那些我们已经塑造的形象弃置一旁:爱国主义、上帝、替你的国家及皇后工作——你知道那些废话!我们也知道,如果我们小心观察,会发现那种快乐不是爱。你能忍受那种苦差事吗?对于我们大多数人而言,爱是性方面的乐趣。对于大部分的人而言,这种性方面,身体上的快乐感觉,在西方世界变得特别重要,现在它更朝东方文明冲击而来。当它被拒绝的时候,就会出现折磨、暴力、残忍、奇特的情绪状态。这些都是爱吗?

性行为所带来的快乐和对它的回忆——反复地咀嚼而且想再做一次——这种重复,追求快乐,就是所谓的爱。我们把那个字变得这么粗俗,毫无意义:去,为了你所爱的国家杀人;参加这个团体,因为他们爱主!我们已经让那个字变得如此可怕、丑陋、粗俗、残忍!生命是比快乐更广大、更深沉的,但是我们的文明和软化,已经把快乐当成生命中最重要、最有力量的事情。所以什么是爱?在人类男女关系中,爱有何地位?

让我们想想在人类的关系中,爱是什么?当你看着人类的地图时——男人、女人、与邻居的关系、与国家的关系等——在这些关系里,爱有何地位?爱在现实生活中有何地位?生活就是彼此之间的关系,生活就是在关系里的行动。在行动中,爱有何地位?

我们在一起分享这一切吗?请不要客气,它是你的生命。别浪费你的生命。你只有几年的时间,不要浪费它们。你正在浪费时间,看到这种情况真令人忧伤。

在关系中,爱在哪里?关系是什么?有关联吗?那表示彼此充分、完全的反应。关系这个字的意思是指有关联,关联的意思是指与别人在心理上和生理上有直接的接触。我们彼此之间真的相关联吗?我可能结了婚,有小孩、有性生活,还有其他的事业等,但是我真的和别人有关系吗?我与什么有关系?我与我所建立的你或她的形象有关系。请注意,要好好地注意。她与我有关系是因为她塑造了我的形象对吗?所以这两个形象之间有关系;而这种形象的关系叫作爱!看我们如何把这件事变得如此荒谬可笑,那是一个事实。不是愤世嫉俗的说法。我用几年,或十天,或一个星期的时间来塑造有关她的形象——也许一天的时间就够了,而她也做了同样的事。你了解彼此形象的残酷、丑陋、残忍与邪恶了吗?而这两个形象的接触叫作关系。因此男人与女人之间总是有战争,一方试着主宰另一方。一方控制了另一方,而在它的周围就产生了文化——母权社会或父权社会。你知道那些事,那是爱吗?

如果它是,那么爱只是没有意义的词句。因为爱不是快乐、嫉妒、羡慕,不是男人和女人之间的分别,不是一方主宰另一方,一方驱使另一方,一方拥有另一方,或依附在对方身上。那当然不是爱——那只是为了方便和剥削。而我们已经接受它成为生活的模式。当你观察它，真正地观察它，你完全地了解它的时候，你会看到你不再塑造形象——无论她做什么或你做什么，都不再有形象出现。也许由于这件事，开了一朵特别的花，而这件事情的开花就叫作爱。它确实发生过。爱与"我"或"你"都无关。它是爱。而且当你有爱的时候，你不会把你的孩子送到军队去接受训练，让他被人杀死。然后会产生一种相当不同的文明，不同的文化，不同的人类，不同的男人和女人。

撒宁·1973 年 7 月 26 日

第二十二章

谁该对混乱的世界负责

我们关心的是找出爱的本质,这种本质只有当我们的心关心的是全体。而不是某个特别个体时才会出现。当我们关心的是所有的人,就会有爱,然后在全体中才能有个人的空间。

我们一起讨论了思想的本质与架构，它的空间和它的限制，以及整个与思想活动有关的过程和功能。如果可能的话，今天早上——在连日的阴雨之后，可以看到那些山脉、那些投影和溪水，以及呼吸到清新的空气，真不错——我想要继续谈责任，回答有关责任的问题。在客观地观察、没有任何的意见或判断之下，我们可以看清世界发生了什么事：战争、可怕的痛苦和混乱。谁该对这一切的事负责任，或提出答案？

为了要真正找到正确的回应，正确的答案，我们必须看看所有存在的现象。一方面，你在科技上有长足的进步，而这样的进步几乎毁灭了地球；另一方面，你有希望，有需求，有上帝的恳求、真理或其他什么的。范围非常广，但是我们似乎只能回答它的一小部分。存在和我们每日生活的范围是非常广的，而我们似乎不能回应所有的一切。我们必须为自己找出正确的回应是什么，正确的答案是什么。如果我们只对它的一小部分负责——我们自己和生活的小圈圈，我们小小的欲望，我们琐碎的责任，我们自私、自闭的活动——而疏忽它的整体，那么我们必定不仅给自己带来痛苦，也给全人类带来痛苦。

※

有可能为全人类负责吗？因而对自然负责——也就是充分、完全的回答——对你的孩子、你的邻居，对人们为了要努力正直的生活所做的努力负责。为了要感觉到那极大的责任感，不只停留在知识上、口头上，而是能深刻地回答人类所有的挣扎、痛苦、残忍、暴力和绝望，为了能对以上问题有完全的回应，你必须知道爱是什么意义。你知道爱这个字已经被误用、被滥用、被践踏，但是我们仍然必须用那个字，而且要给它一个完全不同的意义。为了能针对整体回答，就一定要有爱。为了要了解它的性质，它的热情、奔放的能力——这些不是由思想所创造出来的——我们就必须了解痛苦。当我们用了解这个字的时候，并不是这个字在口头上或知识上的意义，而是这个字背后的意义。现在，我们首先必须了解，而且要能够超越痛苦，否则我们就不能了解对整体的责任，这真正的爱。

我们正在分享，不只是口头上、知识上，而是要远远地超越这个程度，因为分享它是我们的责任。这表示你必须听到这个字，听这个字在语意上的意义，也分享自我的询问，然后超越它。你必须参与这整体的活动，不然你只会得到口头上、知识上或情绪上的了解，这种了解什么用也没有。

为了要了解对整体的责任感，因而了解爱的奇特本质，你必须超越苦难。苦难是什么呢？为什么人类要受苦？这是百万年来生命中的一个大问题。而很明显地，非常、非常少的人能超越苦难，他们不是变成英雄或救世主，就是变成某种精神领袖、宗教领袖，继而永垂不朽。但是像你我或其他人一样的平常人似乎不曾超越它。现在，我们似乎深陷其中。我们正在问的是对你而言，是否有可能摆脱这些苦难。很明显地，人类还不能摆脱心理上的痛苦。他可以逃避，经由各种活动——宗教上的、经济上的、社会上的、政治上的、商业上的各种不同逃避的方式，就像吸毒一样——从不面对苦难的真实面目。那什么是苦难？我们的心有可能完全摆脱心理活动所带来的痛苦吗？

※

看起来，人类还不能解决心理上的痛苦。人只会逃避，借着宗教、经济、社会、政治、商业等各种活动来逃避，而从不面对痛苦的事实。痛苦是什么？头脑可以完全摆脱所有带来痛苦的心理活动吗？

痛苦的主要原因之一是孤立感，完全的寂寞。也就是，你觉得没有什么可依赖，没有人和你有关系，你完全地被孤立。我很确定你会有这种感觉。你可能和家人在一起，在公共汽车上，或派对中，而有时你会感觉特别的孤单，极度缺乏安全的感觉，觉得自己毫无意义。那是痛苦的原因之一。痛苦是来自心理上对思想、对理想、对意见、对信仰、对人、对观念的依赖。请观察你自己。这世界是一面镜子，这面镜子让你看到心里思想的运作。所以请观察那里。

痛苦另外的原因是失落感，失去声望，失去权力，失去很多东西，和失去你认为你爱的人——还有死亡，这是最后的痛苦。现在，心灵能摆脱这一切的痛苦吗？要不然随心所欲地去做，它就不可能知道对全体人类的爱。如果全人类的生命中都没有爱，不只是你自己，而是全人类都是这样,那么就没有同情,那么你也将无法了解爱是什么。在对全人类的爱中,有特别的爱。但是当对某个人有特别的爱的时候,对其他人就少了爱。

所以我们了解并且超越苦难,是绝对必需的。而那可能吗?我们的心灵有可能了解内心深处的寂寞,了解它与孤独是不同的吗?请不要将两者混为一谈。寂寞和孤独之间是有差异的。当我们了解寂寞时,我们会了解孤独是什么。当你觉得孤单寂寞时,不要将其合理化,你能在没有任何逃避的动作下观察它吗?

不要将其合理化,不要试着找出它的原因,只是观察,而在观察中发现逃避是借着对信念、对观念、对信仰的依赖,我能了解寂寞吗?我能了解那个信仰和它是如何逃避的吗?当我安静地观察它的时候,这种逃避及信仰无声无息地消失。当我努力的时候,观察者和被观察者就出现了,然后发生冲突,但是当我了解到寂寞的所有涵义,那么就没有观察者,只有感觉完全被孤立的事实。这种孤单会在我们每天的活动中出现——我的野心,我的贪欲,我的羡慕,关心我的愿望能实现,变成了不起的人,提升自己。我只关心小小的自我,那也就是寂寞的一部分。在白天、在睡眠时、在我所做的活动中,我是如此的关心我自己:"我"和"你","我们"和"他们"。我对自己承诺,我想要以国家的名义、以上帝的名义、以家庭的名义、以妻子的名义,为自己做些事。

所以这寂寞在每天自私自利的活动中穿梭,而当我了解到那些寂寞的涵义时,我看到了这一切,我看到它,不是理论上的。当我注意看某件事的时候,那些细节全都出现。当你很近地看一棵树、一条河、一座山,或一个人的时候,在对它们的观察中,你就看到了一切。它会告诉你,你不会告诉它。当你如此观察的时候，或当你很了解寂寞的时候，没有任何选择余地的，这些事情将全部消失。痛苦的原因之一是情感上的依赖。依赖，而且发现那样很痛苦，于是我们试着分离，而分离又是另外一种恐怖的事。为什么心会依赖？依赖是占据心灵的一种方式。如果我深爱你，我会想着你，替你担心。我会用我自己的方式来关心你，因为我不想要失去你，我不想让你自由，我不要你做出任何会扰乱我情感的事。在那种情感中，我觉得有点安心。所以在情感的依赖中，总是有恐惧、嫉妒、焦虑、痛苦。现在，只是看着它。别问我该做什么？你不能做什么事。如果你试着对你的依赖做什么事，那么你又试着创造了另外的一种依赖。我说得没错吧？所以只要观察它。当你依赖某个人或某个信念的时候，你主宰了那个人，你想要控制他，你不想给他自由。当你依赖的时候，你全然地拒绝自由。

如果我们的心看到寂寞、依赖——这是哀伤的原因之一——我们的心有可能摆脱它们吗？这并不是表示我们该变得漠不关心，因为我们与所有人的生活息息相关，不只与我的生活相关。因此我必须对全体有回应、答复，而不是我个人想要依附你的欲望与想要克服痛苦和嫉妒的焦虑。因为我们关心的是找出爱的本质，这种本质只有当我们的心关心的是全体、而不是某个特别个体时才会出现。当我们关心的是所有的人，就会有爱，然后在全体中才能有个人的空间。

还有失去的痛苦，失去某个你"爱"的人——你了解，我特别用引号将爱这个字括起来。你为什么痛苦？我失去我的儿子、我的母亲、我的妻子。我失去某个人，我为什么痛苦？是因为我突然被留下来，另外一个人的死对我的伤害非常深吗？因为我认同那个人了吗？他是我的儿子，我想要他，在我儿子身上有我自己的影子。我认同那个人，而当他不再存在的时候，我觉得受到很大的伤害，因为我找不到人来继续我的存在。所以我深深觉得受了伤害，在伤害中生起自我怜悯。请好好地检视这整件事。我并不是这么关心别人，我真正关心的是我自己。通过别人来关心自己，因此当另一个人不在的时候，我感觉受到伤害。从深深的伤害中，产生了自我怜悯，以及想找另一个人来让我继续生存下去。

除了个人的痛苦，还有人类所受的创痛，战争带给天真的人，带给已死去的人，杀人的和被杀的人、母亲、妻子、那些孩子的痛苦。不论在远东、中东或在西方，人类在身体上和心理上都在受苦。除非我们的心了解这一切的问题，我才能使用爱这个字，我才能做社会工作，我才能向大家谈上帝的爱、人的爱、一切的爱，但是在我的心中并不知道它是什么。所以我的心、你的心、你的意识能省视这个事实、省视它和它带来的痛苦、不只带给别人也带给自己吗？当你爱他的时候，看你如何剥夺别人的自由；而且当你被爱的时候，你也剥夺了你自己的自由。所以战争在你我之间展开。我们的心灵能观察到这些吗？

痛苦了结的时候，才会产生智慧。智慧不是你在书本里可以买到的东西，也不是从别人身上可以学到的东西。在了解痛苦的过程及痛苦的涵义中，智慧才能产生，而痛苦不只是个人的，也是全人类的痛苦。只有当你超越它的时候，才能产生智慧。

然后你才会了解，或遇见我们称作爱的这个东西。我认为我们也必须了解美是什么。我可以讨论这个主题吗？美。你知道它是一个最难用语言来表达的事，但是我们会试试看。

你知道敏锐所表示的意义吗？不是对你的欲望、你的野心、你的伤害、你的失败、你的成功的敏锐——那是很容易的事。我们大部分的人对我们自己的需求都很敏锐，对我们所追求的快乐、恐惧、焦虑和乐趣也很敏锐。但是我们是在讨论敏锐——不是对某事，而是敏锐本身——心理上和身体上的敏锐。就身体上来说，敏锐是指有一个非常敏锐的身体——健康、清明、不暴饮暴食、不放纵的——个敏感的身体。如果你有兴趣，你可以试试看。我们不是把精神与身体分开，它们是彼此相关的；但是如果有任何的伤害，你在心理上是不可能敏锐的。在心理上，我们人类受到严重的伤害。不论在下意识和意识层面都有创伤，不是自己造成的就是被别人伤害的。在学校、在家里、在公共汽车上、在办公室里、在工厂，我们都会受到伤害。那道深深的伤痕，有意识的或下意识的，使我们心理上变得没有感觉，变得迟钝。如果可以的话，看着你的伤痕。一个手势、一句话、一个眼神，都能用来伤人。而且当你被拿来与别人比较的时候，当你正试着模仿别人的时候，当你顺从规范的时候，你就受到伤害了——不论这规范是别人定的或是你定的。所以我们人类受到深深的伤害；而那些创伤引起精神上的活动——所有的信仰是精神层面的，理想是精神层面的。我们有可能了解这些伤害，摆脱这些伤害，不在任何的环境下再一次地受到伤害吗？我从童年起，被不同的事或意外事件伤害过，比如一句话、一个手势、一个眼神、轻视、被忽略，等等。我有的这些创伤，它们能被消除掉而不留下任何伤痕吗？请注意。别看别人，看你自己。你有这些创伤，你能消除掉这些伤害而不留下任何伤痕吗？

如果你受到伤害，而你变得迟钝，你将无法知道什么是美。你可以走遍世界上所有的博物馆，比较米开朗基罗和毕加索，成为这些人、他们的画、他们的结构等方面的专家，但是只要人类的心受到伤害，而且变得迟钝，它将无法知道什么是美——在人手所造的东西中，在一栋建筑物的线条上、在山中、在美丽的树上。如果你内心有任何的伤害，你就无法知道美是什么，而没有了美就没有爱。所以你的心灵能知道它已经受伤了吗？能了解那些伤害，而且在意识或下意识的层面上，不对那些伤害有反应吗？

了解意识上的伤害很容易。你能知道你下意识的伤害吗？或是你必须通过所有愚蠢的分析过程吗？我会很快地分析而且摆脱它，分析意味着有分析者和被分析者。分析者是谁？他不同于被分析者吗？如果他不同，为什么他是不同的？谁创造了分析者，使它与被分析者不同？如果他是不同的，他如何能知道事情的真相是什么？所以分析者就是被分析者。如此明显的一件事。为了要分析，每项分析一定要很完整。意思是说，如果有任何轻微的误解，在做下一项分析时，因为前一项误解，所以你就不能够分析得完全。分析意味着时间的介入。你可以用你的余生不断地继续分析，而且在你快死的时候，你还是在分析。

所以心灵如何发掘下意识深刻的创伤，那些曾受过的创伤？当征服者征服受害者的时候，他已经伤害他了。那是种族上的伤害。对帝国主义者来说，每个人都是在他之下，而且在那些他征服的人身上，他留下很深的、下意识的伤害。伤害就在那里。我们的心灵如何发掘所有这些隐藏的伤害，在内心深处的伤害？我看到分析的谬见，所以不能用分析。请小心地注意。不能用分析，而我们的传统是分析，所以我已经将分析的传统放在一旁。你正在这么做吗？当心灵在否认、搁置，或看到某事的虚伪，看到分析的虚假时，会发生什么事？它不是要摆脱那个负担吗？因此它变得敏感，它变得更明白，更清楚，更尖锐地观察。所以经由搁置一个人们已经接受的传统——分析、内省等——心灵变得自由了。而且经由否认传统，你已经否定了下意识的内容。这种下意识是传统：宗教的传统，婚姻的传统，很多事的传统。而且其中之一的传统是去接受伤害，和已经受伤害之后，再去分析它、摆脱它。现在，当你因为它曾经是错的而否定它的时候，你已经否定下意识的内容。因此你能摆脱下意识的伤害。你不必分析下意识或分析你的梦。

所以经由观察伤害，而且不用传统的工具来消除伤害，像是分析，一起讨论它——你知道所有在进行的事，群体治疗、个别的治疗和共同的治疗——心灵通过了解，了解传统来消除伤害。当你否定传统的时候，你否定接受传统的这种伤害。然后我们的心灵就变得特别敏锐——心灵就变成身体、心、头脑和神经。所有的一切都变得敏锐。

现在，我们问美是什么。我们说它不是在博物馆里，不是在图画里，不在脸上，不是对你传统背景的一种反应。当心灵将它放在一旁，因为它很敏锐，而且已经了解痛苦的时候，你就有热情的存在。很明显地，热情与肉欲是不同的。肉欲是快乐的延续，是以不同的方式寻求快乐。当没有伤害的时候，当痛苦得到了解，而且被超越的时候，那么你就有了解美感所必须具有的热情。当"我"一直在主张的时候，美就不可能存在。你可能是个很棒的画家，被世人公认为是最伟大的画家，但是如果你只关心小小的自我，你就不再是艺术家。你只是利用艺术来延续你自己的自私。

自由的心灵已经超越痛苦的感觉，它摆脱所有的伤害，而且有能力不在任何环境下，再一次受到伤害。不论它受到赞美或侮辱，没有东西可以碰它。但那不表示它在反抗了。相反的，它是非常敏感的。

然后你就会开始去找出爱是什么。很明显地爱不是快乐。现在，我们能说它不是快乐，不是过去，因为你现在已经历过所有的事，而且把它放在一边。你还是能享受那些山脉、那些树林、那些溪水、那些美好的脸庞和大地之美。但当大地之美变成追求快乐，它就不再是美。所以爱不是快乐。爱不是追求或避免恐惧。爱不是依赖。爱没有痛苦。很明显地，爱表示对全体人类的爱，那就是同情。爱有它自己的秩序，里外都有，这种秩序不是经由立法而得。现在，当你了解，而且每天这样生活着——否则它便毫无价值，只是没有意义的言语，只是灰烬——然后生命才将会有相当不同的意义。

撒宁·1974 年 7 月 23 日

第二十三章

寂寞、孤独与爱

当心灵自然地安静的时候,爱就会产生。不是别人要它安静,而是当它看到错就是错、真就是真的时候,它就会自然安静。当心灵安静的时候,无论发生了什么,都是爱的行动,不是知识的行动。

问：我们全都有过寂寞的经验，我们知道它带来的哀伤，而且看到它的原因、它的根源。但是孤独又是什么？它与寂寞不同吗？

克：寂寞是痛苦，是孤独的痛苦，一种孤立的状态。当你无法与任何事相容，无法与团体相容，也无法与国家、与你的妻子、与你的孩子、与你的丈夫相容的时候，你就切断了与别人的关系。你知道这种状况。现在，你了解孤独了吗？你对你的孤独视为理所当然。但是你很孤独吗？

孤独不同于寂寞，但是如果你不了解寂寞，你就不能够了解它。你要寂寞吗？你在暗中注意它，看着它，不喜欢它。为了要了解它，你必须和它沟通，在它和你之间没有障碍地来沟通，不下结论，没有偏见，或推测。你必须以自由的态度来接近它，不能带有恐惧。为了要了解寂寞，你必须在没有任何的恐惧下接近它。如果你接近寂寞，然后说你已经知道它的原因、它的根源，那么你就不能了解它。你知道它的根源吗？你通过外在的推测来了解它们。你知道寂寞的内容吗？你只是描述了它，而你说的话不是实相、不是真实。为了要了解它，你必须以不去逃避的态度来接近它。想要逃离寂寞，它本身就是内心不满足的一种表现。我们大多数的活动不就是一种逃避吗？当你很孤独的时候，你打开灯听收音机、你打坐、追随上师学习、与别人闲聊、去看电影、参加种族活动，

寂寞、孤独与爱 | **197**

等等。你每天的生活就是逃离自己，所以那些逃避变得非常重要，而且你在逃避之间挣扎，是去喝酒，还是去崇拜上帝。逃避是重点，虽然你可能有各种不同逃避的方法。你可能借着你所尊重的逃避方法，对你的心理造成巨大的伤害，而我则借着世俗的逃避，伤害了我社会的层面，但是为了了解寂寞，所有的逃避必须终结，不是靠实际去做，或是强迫，而是经由看到逃避的错误，然后你会直接面对"实然"，那些真正的问题才开始出现。

寂寞是什么呢？为了要了解它，你不能给它一个名字。正因为命名，带来其他相关记忆的思想，加强了寂寞的感觉。你可以试试看，你就会明白。当你停止逃避的时候，直到你了解寂寞是什么的时候，你就会明白，你所做的事，无非是逃避的另外一种形式。只有经由了解寂寞，你才能超越它。

孤独的问题是完全不同的。我们从不孤独，我们总是与人在一起。"也许"除了当我们单独散步的时候。我们是在经济、社会、气候和其他环境的影响下所产生的结果，而且只要我们受到影响，我们就不孤独。只要有累积和经验的过程，就不会有孤独。你能想象，经由把你自己孤立成狭窄的个体，个人的活动之中，你就是孤独的，但那并不是孤独。只有当没有影响力的时候才有孤独。孤独是一种行动，这种行动不是反应的结果，不是对挑战或刺激的反应。寂寞是孤立的问题，而且我们在我们的关系中寻找孤立，那正是自我，"我"的本质——我的工作，我的个性，我的责任，我的财产，我的关系。正是思想的过程导致了孤立，思想是人的所有思想和影响力的结果。了解寂寞不是一个中产阶级才有的行为，只要在你里面有未曾显露出的不满足之痛楚，这种不满足来自空虚与挫折，你就不能了解它。孤独不是孤立，它不是寂寞的反面。它是一种存在的状态，当全部的经验和知识不在的时候。

问：你谈到为了自己的满足而利用别人的关系，和你时常暗示一种叫作爱的状态。你所谓的爱是什么意思？

克：我们知道我们的关系是什么样子——相互地满足和利用，虽然我们称它为爱。在使用上，要温柔对待和保护我们所使用的东西。我们保护我们的阵线、我们的书、我们的财产。同样的，我们很小心地保护我们的妻子、我们的家庭、我们的团体，因为没有他们，我们会感到孤单、迷失。没有孩子，父母觉得孤单。你希望你做不到的，孩子会做到，所以孩子变成你虚荣心的工具。我们知道需要和利用之间的关系。我们需要邮差，而他也需要我们，然而我们不会说我们爱邮差。但是我们确实说我们爱妻子和孩子，即使我们为了个人的满足而利用他们，为了被称为爱国的虚荣心而乐意牺牲他们。我们非常了解这个过程，而且很明显地，它不可能是爱。利用，剥削，然后觉得很抱歉，这不可能是爱，因为爱不是心灵中的一个东西。

现在，让我们实验一下，然后找出爱是什么，不只是口头上，而是经由实际上的经验。当你把我当作上师，我把你当作弟子的时候，我们之间就有相互利用的关系。同样的，当你利用你的妻子、你的孩子，为了使自己更进步，你们之间有相互的剥削利用。而很确定地，那不是爱。当有利用的时候，一定有拥有。拥有必定引起恐惧，而有了恐惧就会有嫉妒、羡慕、怀疑。当有利用的时候，就不可能有爱，因为爱不是心灵的某个东西。想一个人，不是爱那个人。只有当那人不在的时候，你才会想他，当他死的时候，当他跑走的时候，或当他不给你你想要的东西的时候，你才会想他。你内在的不足设定了心灵运作的过程。当那个人在你身边的时候，你不会想他；当他接近你的时候你想他，你就会被打扰，所以你视他为理所当然——他就在那里。习惯是忘记和保持平静不被打扰的一种方法。所以利用一定会导致无懈可击，而那不是爱。

当人在利用别人的时候是什么状态——利用是一种思想的过程，用来掩盖内心的不足，不论是正面的或负面的——不是吗？当不满足的时候会是什么样的情况？寻求满足是心灵的本质。性是心灵所创造的、所描绘出来的感觉，然后心灵才会行动或不行动。感觉是思想的过程，那不是爱。当心灵占优势及思想的过程变得很重要的时候，就没有爱。而利用、思想、想象、掌握、掩盖、拒绝的过程都是烟幕，当这种烟幕不在了，爱的火焰才会出现。有时候我们确实有火焰，丰富的、饱满的、完全的。这种烟幕会回来，因为我们不能长久保有火焰，于是就没有亲密感，不论是一个人或许多人，不论是个人的或非个人的。有时候我们大部分人都知道爱的香气，以及它如何容易受到伤害，但是利用、习惯、嫉妒、拥有、订约和毁约的烟幕——这些对我们而言变得重要，因此爱的火焰就不存在了。当烟幕存在的时候，火焰就不存在，但是当我们了解利用的真相的时候，火焰就存在了。我们利用别人，因为我们内心贫乏、不足、微不足道、微小、孤单，而且我们希望通过利用别人能够逃避。同样的，我们利用上帝当作逃避的一个方法。对上帝的爱不是对真理的爱。你不能爱真理，爱真理只是一个你用来得到你知道的东西的方法，因此总是有个人的恐惧，害怕你会失去你知道的东西。

当心灵非常安静，不再寻求满足和逃避的时候，你会了解爱是什么。首先，你的心灵必须完全停止。心灵是思想的结果，而思想只是一个通道，达到目的的方法。当生活只是成为某事的通道时候，如何能有爱？当心灵自然地安静的时候，爱就会产生。不是别人要它安静，而是当它看到错就是错、真就是真的时候，它就会自然安静。当心灵安静的时候，无论发生了什么，都是爱的行动，不是知识的行动。知识只是经验，而经验不是爱。经验不能了解爱。当我们了解自我的整个过程，才会产生爱，而自我的了解是智慧的开端。

马德拉斯·1950 年 2 月 5 日